本书编委会

主　任：李伟斌　李永生

副主任：罗志勇

委　员：许木瑞　陈广飞　黄绍伟

　　　　陈博操　莫丽娜

本书编写组

主　　编： 邓　樑

副 主 编： 严　峰

编写人员： 邓　樑　严　峰　叶世敏
李俊权　姚赞鸿　周　越
张小安　王　振

核校人员： 曾远榕　张宝添　那　娜

广州市消防救援支队 ◎ 编

XIAOFANGJIUYUANRENYUAN
ZHUANYETINENGXUNLIAN

消防救援人员专业体能训练

SPM
南方出版传媒
广东经济出版社
·广州·

图书在版编目（CIP）数据

消防救援人员专业体能训练/广州市消防救援支队编. —广州：广东经济出版社，2020.7

ISBN 978－7－5454－7271－4

Ⅰ. ①消… Ⅱ. ①广… Ⅲ. ①消防部队—体能—集体训练 Ⅳ. ①D631.6 ②G808.14

中国版本图书馆 CIP 数据核字（2020）第 112177 号

责任编辑：甘雪峰
责任校对：李玉娴
责任技编：陆俊帆
封面设计：张建民

消防救援人员专业体能训练
XIAOFANG JIUYUAN RENYUAN ZHUANYE TINENG XUNLIAN

出版人	李 鹏
出版发行	广东经济出版社（广州市环市东路水荫路 11 号 11～12 楼）
经销	全国新华书店
印刷	广州市番禺区友联彩印厂（广州市番禺区桥南街陈涌村兴业大道西九横路南边）
开本	787 毫米×1092 毫米 1/16
印张	9.75
字数	208 千字
版次	2020 年 8 月第 1 版
印次	2020 年 8 月第 1 次
书号	ISBN 978－7－5454－7271－4
定价	68.00 元

图书营销中心地址：广州市环市东路水荫路 11 号 11 楼
电话：（020）87393830　　邮政编码：510075
如发现印装质量问题，影响阅读，请与本社联系
广东经济出版社常年法律顾问：胡志海律师

前　言

2018年10月9日，公安消防部队成建制划归应急管理部，集体退出现役，组建国家综合性消防救援队伍。2018年11月9日，习近平总书记亲自为国家综合性消防救援队伍授旗并致训词，明确了国家综合性消防救援队伍作为应急救援“主力军”和“国家队”的定位，赋予其防范化解重大安全风险、应对处置各类灾害事故的重要职责，与此同时，消防救援队伍承担的应急处置任务向“全灾种、大应急”转变。这一转型使消防救援队伍面临前所未有的挑战。

强健的体魄和充沛的体能是消防救援人员完成各种灭火救援任务的基础。建立一套科学有效的体能训练方法，对提升消防救援队伍的战斗力具有十分重要的意义。2015年，为了提高消防救援人员的体能水平，使其具备能够圆满完成各项灭火救援任务的能力，我们在广州市天河区消防大队开展了体能科学训练试点工作，并在相关专家的指导下，参考国内外体能训练的先进理念，结合消防救援人员所担负任务的特点，编撰了本书的初稿，又历经五年的实践和修改完善后方最终定稿。

本书内容包括热身运动、消防综合体能操、速度与耐力训练、体能训练室训练、拉伸放松、日常训练计划、体能训练常见伤病与处理、消防员日常营养指南等八个方面。五年来的实践证明，本书能有效帮助消防救援人员较快提高体能水平、减少伤病，是消防救援人员开展体能训练较好的指导工具书。

本书由李伟斌、李永生任编委会主任，邓樑任主编，对全书进行统筹、审定。本书第一章编写人员为严峰、张小安，第二章编写人员为邓樑、李俊权，第三章编写人员为叶世敏、周越，第四章编写人员为姚赞鸿、严峰、王振，第五章编写人员为张小安、叶世敏，第六章编写人员为周越、邓樑，第七章编写人员为李俊权、王振，第八章编写人员为邓樑、姚赞鸿。

本书在编写过程中得到了广州市消防救援支队党委的高度重视和支持，支队领导多次对此做出重要批示、指示；支队作战训练处对本书内容进行审核把关，并统筹协调、全程跟进本书的出版事宜；参编人员紧密协作、潜心研究、精益求精。此外，广州体育学院及任占兵、马金国、李仕龙、赵智健等为本书的编辑出版给予了大力支持。在此，向所有为本书的编写和出版提供了帮助的人表示衷心的感谢！

由于编者水平有限，书中难免有疏漏和不当之处，恳请广大读者批评指正。

编　者

2020 年 7 月

目　　录

第一章

热身运动

第一节　关节运动操

一、手腕、踝关节活动

训练目的：提高关节的灵活性，避免在训练和救援中扭伤和拉伤。

场地器材：空旷的场地。

动作要领：两脚自然开立，约与肩同宽。两手十指环扣穿插于胸前，一只脚脚尖着地。以腕关节为轴旋转手腕，以踝关节为轴旋转脚腕，动作要柔，幅度要大。手腕和踝关节先顺时针再逆时针旋转两个八拍。如图 1－1－1 所示。

图 1－1－1

注意事项：活动各关节时不要用力过猛，动作要柔和。

二、肩关节活动

训练目的：提高关节的灵活性，避免在训练和救援中扭伤和拉伤。

场地器材：空旷的场地。

动作要领：左臂向前、右臂向后，分别以肩关节为轴环绕两个八拍，做完后交换左右顺序。如图 1－1－2 所示。

图 1－1－2

注意事项：前后摆臂时肘部不要弯曲。

三、髋关节活动

训练目的：提高关节的灵活性，避免在训练和救援中扭伤和拉伤。

场地器材：空旷的场地。

动作要领：两脚与肩同宽，两手叉腰，髋关节先顺时针旋转，然后反方向旋转。如图 1－1－3 所示。

注意事项：腰背挺直，面向正前方，以髋关节为轴。

图 1－1－3

四、腰关节活动

训练目的：提高关节的灵活性，避免在训练和救援中扭伤和拉伤。

场地器材：空旷的场地。

动作要领：两脚分开约 50 厘米，两臂自然伸直并向外伸展，以腰部关节为轴，上体带动手臂依次向前、前左、前后、前右环绕 360 度。如图 1－1－4 所示。

注意事项：上体摆动时腰部尽量向前、向左、向后、向右伸展。

图 1－1－4

五、膝关节活动

训练目的：提高关节的灵活性，避免在训练和救援中扭伤和拉伤。

场地器材：空旷的场地。

动作要领：两脚与肩同宽，半蹲，两手放于膝盖，膝关节顺时针和逆时针各旋转两个八拍。如图 1－1－5 所示。

注意事项：腰背挺直，不能弓背，活动关节时重心放在前脚掌。

图 1－1－5

第二节　抬腿扩胸

一、抬腿抱膝

训练目的：激活屈髋肌，同时扩胸以增加肺的通气量。

场地器材：空旷的场地。

动作要领：立正姿势，两臂左右伸直，高抬膝关节的同时两臂弯曲向胸前靠拢。膝关节要抬至高于髋关节，两腿交替进行。如图 1－2－1 所示。

图 1－2－1

注意事项：抬腿时膝关节一定要高于髋关节，腰背尽量挺直。

二、抬腿转体

训练目的：激活屈髋肌和腰方肌。

场地器材：空旷的场地。

动作要领：腿部动作与抬腿抱膝相同，两臂弯曲，两拳相对，上体向抬起腿一侧扭转。如图 1－2－2 所示。

图 1－2－2

注意事项：抬腿时膝关节一定要高于髋关节，腰背尽量挺直，上体尽量向抬起腿一侧扭转。

三、踮步高抬腿

训练目的：激活屈髋肌。

场地器材：空旷的场地。

动作要领：在抬高膝关节的基础上，支撑腿轻轻踮起，脚跟离开地面。另一侧腿落地时有扒地动作。两臂弯曲并前后自然摆动。如图 1－2－3 所示。

图 1－2－3

注意事项：抬腿时膝关节一定要高于髋关节，腰背尽量挺直。

第三节　弓箭步

一、弓箭步摆臂

训练目的：伸展股四头肌。

场地器材：空旷的场地。

动作要领：两腿前后分开成弓箭步，前腿膝关节不要超过脚尖。上体保持正直，重心放在两腿之间。两腿交替进行，两臂前后自然摆动。如图 1－3－1、图 1－3－2所示。

注意事项：前腿膝关节不要超过脚尖，向前摆臂时手臂不要超过身体中线。

图 1－3－1

图 1－3－2

二、弓箭步伸展

训练目的：伸展股四头肌、腰腹肌。

场地器材：空旷的场地。

动作要领：在弓箭步的基础上，异侧手臂向上、向后伸展。两腿交替进行。如图 1－3－3、图 1－3－4 所示。

注意事项：前腿膝关节不要超过脚尖，手臂向上伸展时要拉伸到上体前侧肌肉群。

图 1－3－3

图 1－3－4

三、弓箭步转体

训练目的：伸展股四头肌、腰腹肌。

场地器材：空旷的场地。

动作要领：在弓箭步的基础上，两臂抬起带动上体向前腿一侧转体。两腿交替进行。如图 1－3－5、图 1－3－6 所示。

注意事项：前腿膝关节不要超过脚尖，向前腿一侧转体。

图 1－3－5

图 1－3－6

第四节　踢腿

一、正踢腿

训练目的：伸展激活大腿二头肌、腘绳肌。

场地器材：空旷的场地。

动作要领：向前上方正踢腿，让大腿前侧靠近腹部。上体挺直，膝关节尽量伸直。如图 1－4－1 所示。

注意事项：正踢腿时用足尖触碰手掌。

图 1－4－1

二、外踢腿

训练目的：伸展激活内收肌。

场地器材：空旷的场地。

动作要领：在正踢腿的基础上，脚尖踢到最高点时向外摆腿。如图 1－4－2 所示。

注意事项：脚尖踢到与肩同高时，向外侧摆腿。

图 1－4－2

三、内踢腿

训练目的：伸展激活臀大肌和梨状肌。

场地器材：空旷的场地。

动作要领：在正踢腿的基础上，脚尖踢到最高点时向内摆腿。两腿交替进行。如图 1－4－3 所示。

注意事项：脚尖踢到与肩同高时，向内侧摆腿。

图 1－4－3

第五节　热身跑

一、小步跑

训练目的：充分激活全身肌肉。

场地器材：空旷的场地。

动作要领：小步跑提膝，脚掌距地面约 10 厘米。摆动腿落地时膝关节积极下压，前脚掌扒地的同时向前送髋。两臂前后自然摆动。如图 1－5－1 所示。

图 1－5－1

注意事项：摆动腿落地时一定要前脚掌着地，上体保持正直。

二、后踢跑

训练目的：充分激活腘绳肌。

场地器材：空旷的场地。

动作要领：脚掌向后踢起，使脚跟轻触臀部。如图 1－5－2、图 1－5－3 所示。

注意事项：落地时前脚掌着地，上体保持正直。

图 1－5－2

图 1－5－3

三、外踢跑

训练目的：充分激活内收肌。

场地器材：空旷的场地。

动作要领：脚掌向外侧踢起，两手放于体侧并稍微张开，脚掌外侧轻踢同侧手掌。如图 1－5－4 所示。

注意事项：摆动腿落地时前脚掌着地，上体保持正直，避免左右晃动。

图 1－5－4

四、内踢跑

训练目的：充分激活臀大肌。

场地器材：空旷的场地。

动作要领：两手放于体前，脚掌向内踢起，脚掌内侧轻触异侧手掌。如图 1－5－5所示。

注意事项：内踢时，膝关节尽量外张，摆动腿落地时前脚掌着地。

图 1－5－5

第二章

消防综合体能操

第一节　腿部运动

腿部运动旨在发展消防员的腿部力量和爆发力，使其能在紧急情况下快速移动和跨越障碍，能应对登楼等对腿部力量要求较高的救援行动。做两个循环，共10分钟。

一、原地高抬腿

训练目的：发展腿部的爆发力（有助于消防员快速起动和撤离）。

场地器材：空旷的场地。

动作要领：上体保持正直，两臂前后自然摆动，大小臂之间的夹角约90度。高抬腿时，大腿与上身、大腿与小腿之间的夹角尽量达到90度。支撑腿尽量伸直，摆动腿落地时前脚掌着地。如图2-1-1、图2-1-2所示。

注意事项：摆动腿的大腿尽量与地面保持平行，上体保持正直。

【成绩评定】优秀：1分钟　及格：30秒

图2-1-1

图2-1-2

二、原地跨步跳

训练目的：发展股四头肌和臀大肌的爆发力。有助于消防员快速跃起和跨越障碍。

场地器材：空旷的场地。

动作要领：两脚前后开立成弓箭步，膝关节不要超过脚尖，上体保持正直。运用双腿的爆发力，迅速向上跳起，在空中双脚如剪刀交错，落地时变换成另一只腿在前的弓箭步。换脚后前脚发力，后脚帮助平衡，站稳后再往下蹲。重复动作。如图 2－1－3、图 2－1－4 所示。

注意事项：落地时用前脚掌着地，以减少落地时遭受的冲击力。注意手臂的举起、下落要与脚同步配合。

【成绩评定】优秀：50 次　　及格：30 次

图 2－1－3

图 2－1－4

三、蹲跳

训练目的：发展腿部的爆发力和弹跳力（有助于消防员快速弹离地面和腾空）。

场地器材：空旷的场地。

动作要领：屈膝半蹲，整个身体向后蹲坐至臀部低于髋关节之后腿部用力，快速向上跳起。落地时，前脚掌着地后迅速顺势下蹲，再快速起立。重复动作。蹲坐时动作稍慢（深吸气），起立时动作迅速（呼气），膝关节要始终保持朝向脚尖的

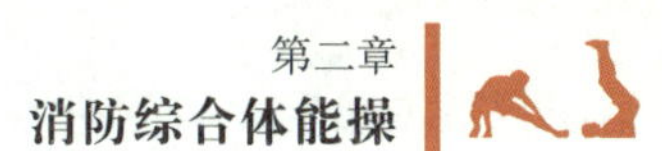

方向。如图 2 –1 –5、图 2 –1 –6 所示。

注意事项：膝关节要始终保持朝向脚尖的方向，腰背挺直，臀部后翘。

【成绩评定】优秀：50 次　及格：30 次

图 2 –1 –5

图 2 –1 –6

四、水带箭步蹲

训练目的：发展腿部和臀部的力量（有助于消防员立势射水和拖拉水带）。

场地器材：空旷的场地，两盘水带。

动作要领：两脚前后开立成弓箭步，双手各握一盘水带悬垂在体侧，挺胸收腹，屈膝下压，然后两腿同时用力，垂直向上起立。反复上下蹲起。下蹲时，前腿膝关节不要超过脚尖，后腿膝关节弯曲并接近地面，身体重心放在两腿之间。起立时，身体不要前倾，要保持正直。如图 2 –1 –7、图 2 –1 –8 所示。

图 2 –1 –7

图 2 –1 –8

注意事项：不要用肱二头肌的力量来提拉水带，不然对锻炼大腿肌肉力量起不到作用。

【成绩评定】优秀：45 次　及格：25 次

五、水带摆动

训练目的：发展臀部、大腿和下背部肌肉群的力量（有助于消防员抛接水带和上下肢协调配合）。

场地器材：空旷的场地，两盘水带。

动作要领：双手自然下垂，持两盘水带置于身前，膝盖微微弯曲。将水带从胯下向后摆，然后迅速伸腿挺髋，顺势将水带甩至胸部高度。回到起始姿势，重复上述动作。如图 2－1－9、图 2－1－10 所示。

注意事项：上摆水带时要用关髋的动作把水带摆起，不要用手臂举起水带。

【成绩评定】优秀：40 次　及格：20 次

图 2－1－9

图 2－1－10

六、水带深蹲起

训练目的：发展腿部的力量（有助于提升消防员半蹲作业时的耐久力和稳定性）。

场地器材：空旷的场地，两盘水带。

动作要领：呈立正姿势站立，平视前方，双手各握一盘水带自然悬垂在体侧。双脚分开，与肩同宽。屈髋下蹲，双腿屈膝，使大腿与小腿约成 90 度角，腰部要挺直。至身体呈站立起踵姿势为完成一次。如图 2 - 1 - 11、图 2 - 1 - 12 所示。

注意事项：下蹲时膝关节不要超过脚尖，但始终要保持朝向脚尖的方向，腰背挺直，臀部后翘。

【成绩评定】优秀：60 次　及格：30 次

图 2 - 1 - 11

图 2 - 1 - 12

第二节　上身运动

上身运动旨在发展消防员的上肢力量，增强攀、爬、托、举的能力。做两个循环，共10分钟。

一、水带侧平举

训练目的：发展三角肌的力量（有助于消防员扛、抬重物）。

场地器材：空旷的场地，两盘水带。

动作要领：两脚稍微分开站立，背部挺直，双手各握一盘水带悬垂在体侧。向侧上方平举水带至双肩的高度，肘部微屈，然后回到起始姿势。如图2－2－1、图2－2－2所示。

注意事项：平举时肘关节不要完全伸直锁死。回到起始姿势时要控制水带匀速下落，避免砸到大腿。

【成绩评定】优秀：18次　及格：10次

图2－2－1

图2－2－2

二、水带提拉

训练目的：发展背阔肌的力量（有助于消防员攀爬时拉起肢体，并辅助吸气）。

场地器材：空旷的场地，两盘水带。

动作要领：双脚开立，与肩同宽。膝盖弯曲，上身前倾。双手各持一盘水带，自然下垂。后背发力，将上臂拉起，使肘关节超过后背，然后慢慢返回。上拉水带时，上臂要紧贴身体；上臂拉到最高点时，有意识地收紧背部。如图2－2－3、图2－2－4所示。

注意事项：膝盖不能超过脚尖，腰背挺直。

【成绩评定】优秀：20次　及格：10次

图2－2－3

图2－2－4

三、水带弯举

训练目的：发展肱二头肌的力量（有助于消防员收卷水带等）。

场地器材：空旷的场地，两盘水带。

动作要领：站姿，双手各持一盘水带。平稳地抬起小臂，手臂弯曲到最大限度

图2－2－5

图2－2－6

时保持姿势不动1～2秒，再缓慢放下水带。如上页图2-2-5、图2-2-6所示。

注意事项：身体不能摇晃。放下水带时上臂不能完全放松，在整个过程中都要保持紧张。

【成绩评定】优秀：25次　及格：15次

四、挺髋甩水带

训练目的：发展手臂、髋部、背部的力量以及全身协调能力（有助于消防员抛投救援绳索和水带等）。

场地器材：空旷的场地，一盘甩开的水带，水带的一头有人固定住。

动作要领：消防员双手握住水带。双脚开立，比肩略宽，脚尖朝前。膝盖稍微弯曲，屈髋。双手甩起水带时脚跟离开地面，同时做挺髋运动。如图2-2-7、图2-2-8所示。

注意事项：膝盖不能向内或向外扣。躯干始终保持直立，不能向前趴。膝微屈。

【成绩评定】优秀：40秒　及格：20秒

图2-2-7

图2-2-8

五、水带交叉甩

训练目的：发展上肢的力量（有助于消防员抛投救援绳索和水带等）。

场地器材：空旷的场地，两盘甩开的水带，水带的一头有人固定住。

动作要领：屈髋屈膝，两脚与肩同宽站立。双手分持两条水带，进行上、下交替运动。躯干保持直立，眼睛平视前方，膝盖不超过脚尖。如图 2－2－9 所示。

注意事项：半蹲时膝关节不要超过脚尖，但始终要保持朝向脚尖的方向。腰背挺直，臀部后翘。

【成绩评定】优秀：40 秒　及格：20 秒

图 2－2－9

六、蜘蛛爬

训练目的：发展手臂、腿部的力量和全身协调能力（有助于消防员在狭小空间内贴地爬行）。

场地器材：空旷的场地。

动作要领：先使身体成俯卧撑姿势，然后右手向前的同时左脚膝关节向左肩关节靠近，左手向前的同时右脚膝关节向右肩关节靠近。从场地一端运动到场地另一端。如图 2－2－10、图 2－2－11 所示。

注意事项：前进过程中躯干保持平直，上肢必须弯曲，眼睛向前看。

【成绩评定】优秀：35 米　及格：20 米

图 2－2－10

图 2－2－11

第三节　腰腹核心运动

腰腹核心运动旨在加强消防员腰腹部力量，使衔接上下肢的躯干核心更加稳定，避免在救援搬运和训练中受伤。做两个循环，共10分钟。

一、仰卧卷腹

训练目的：发展上腹部的力量。

场地器材：空旷的场地，训练垫。

动作要领：仰卧在地上，膝关节弯曲，大小腿之间的夹角约为60度。两手掌并拢在两腿中间，两肩慢慢地向膝部弯曲，直至肩胛骨离地面约30厘米，然后回到起始姿势。重复上述动作。如图2－3－1所示。

图2－3－1

注意事项：屈体收缩时，为了更好地使腹部肌群收缩，下背部应紧贴地面。要避免用跳、弹等动作来借力。

【成绩评定】优秀：30次　及格：15次

二、仰卧举腿

训练目的：发展下腹部及腰背部的力量。

场地器材：空旷的场地，训练垫。

动作要领：仰卧在地上，两手放于身体两侧，下背部紧贴地面。两腿并拢，自然伸直。两腿向上举起，直至两大腿与躯

图2－3－2

干垂直，然后慢慢放下但不落地。重复上述动作。如上页图 2－3－2 所示。

注意事项：下背部紧贴地面，腿上举时膝关节尽量伸直，放下时腿不落地。

【成绩评定】优秀：25 次　合格：15 次

三、水带旋转

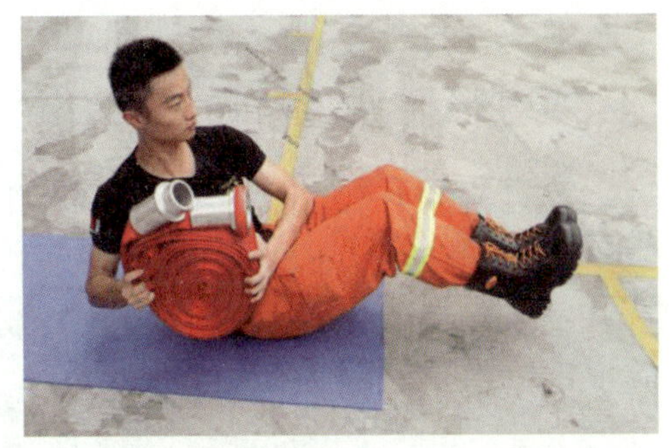
图 2－3－3

训练目的：发展腹肌、腹外斜肌的力量，增强躯干核心的控制能力。

场地器材：空旷的场地，训练垫，一盘水带。

动作要领：躺在地上，大小腿弯曲，双脚离开地面，背部保持平坦。膝盖微微弯曲。下半身保持不动，提升上身，使躯干与大腿形成一个“V”字形。双手握水带置于胸前，把注意力集中在腰腹。腰腹收缩，扭动身体偏向一侧，直到水带与地面轻微接触，然后转向另外一边。如图2－3－3所示。

注意事项：重心要放在臀部，用臀部支撑身体，身体其他部位不接触地面。

【成绩评定】优秀：36 次　及格：20 次

四、侧平板摆动

图 2－3－4

训练目的：发展腰腹部的力量和耐力。

场地器材：空旷的场地，训练垫。

动作要领：侧身，躯干保持成一条直线，拉直腹肌，用一只手的小臂支撑地面把身体撑起，身体和地面成 15 度夹角。另一只手叉腰于侧腹部，把核心区的肌肉收紧，脊柱挺直，注意力集中在侧腹部。侧边卷缩腹斜肌，身体快要触到地面的时候稍稍停顿，然后回到起始姿势。如上页图 2－3－4 所示。

注意事项：躯干要保持成一条直线，不能弯曲。

【成绩评定】优秀：30 次　及格：15 次

五、拱桥

训练目的：发展腰部、臀部的力量。

场地器材：空旷的场地，训练垫。

动作要领：仰卧，双腿伸直，双臂伸直置于体侧，掌心向下。双腿弯曲，稍微分开，腿外侧同胯宽，屈起双膝，双脚脚掌着地。臀部、腰部、下背部依次慢慢抬离地面，双肩落于地面。如图 2－3－5 所示。

图 2－3－5

注意事项：腰背、髋部一定要挺直，腰背部和臀部的肌肉都要收紧。

【成绩评定】优秀：4 分钟　及格：2 分钟

六、平板支撑

训练目的：发展腹横肌的力量和耐力。

场地器材：空旷的场地，训练垫。

动作要领：俯卧，双肘弯曲支撑于地面，肩膀和肘关节垂直于地面，脚尖着地。躯干伸直，头部、肩部、胯部与踝部保持在同一平面上。腹肌收紧，盆底肌收紧，保持均匀呼吸。如图 2－3－6 所示。

图 2－3－6

注意事项：肩膀要在肘部正上方，腹肌保持收紧。

【成绩评定】优秀：4 分钟　及格：2 分钟

第三章

速度与耐力训练

第一节　速度素质及其训练

一、速度素质释义

（一）速度素质的定义

速度素质是指人体快速运动的能力，包括快速完成动作的能力和对外界信号刺激做出快速反应的能力，以及快速位移的能力。

（二）速度素质的分类

速度素质包括反应速度、动作速度和移动速度。

反应速度是指人体对各种信号刺激（声、光、触等）快速应答的能力。

动作速度是指人体或人体某一部分快速完成某一个动作的能力。

动作速度是技术动作不可缺少的要素，表现为人体完成某一技术动作时的挥摆速度、击打速度、蹬伸速度和踢踹速度等，此外，还包含在单位时间里重复完成单个动作的次数的多少（即动作频率）。

移动速度是指人体在特定方向上位移的速度，以单位时间内人体移动的距离为评定指标。从物理学上讲，是距离（S）与通过该距离所用的时间（t）之比。在体育运动项目的口头表述上，常常用人体通过固定距离所花的时间来表示，如跑 100 米用时 10 秒、游 100 米用时 50 秒等。

二、速度素质训练的基本要求

速度素质训练应结合运动员所从事的专项运动来进行。如同样是反应训练，对短跑运动员应着重于提高听觉反应能力，对足球运动员则应着重于提高视觉反应能力，对体操运动员则应着重于提高触觉反应能力。对不同的信号，人体的反应速度有差异，触觉反应最快，听觉反应次之，视觉反应较慢。如 18 ～25 岁的男子对声音产生反应需要 0. 14 ~0. 31 秒，对光产生反应需要 0. 20 ~0. 35 秒，而对触碰产生反应仅需 0. 09 ~0. 18 秒。

此外，速度素质训练应在运动员兴奋度高、情绪饱满、运动欲望强的情况下进行，一般应安排在训练课的前半节。

速度提升到一定程度时，常会出现进展停滞、难以再提升的现象，此现象被称为“速度障碍”。产生速度障碍的客观原因有：由于技能动力定型，运动员技术动作的空间特征和时间特征都趋于稳定；随着运动水平的提高，运动员神经过程灵活性的改进和肌肉收缩所需能量的提供会遇到更大的困难，而运动员向前移动所需克服的阻力也更大。产生速度障碍的主观原因有：过早地片面发展绝对速度；基础训练不够；技术动作不合理；训练手段单调、片面，引不起新异刺激；负荷过度，恢复不好；等等。

出现速度障碍时，可采用牵引跑、变速跑、下坡跑、带领跑、顺风跑等手段予以克服。

消防员的速度素质训练，可参考运动员的速度素质训练来开展。

第二节　耐力素质及其训练

一、耐力素质释义

（一）耐力素质的定义

耐力素质是指人体长时间持续运动的能力。许多项目的竞赛都要持续较长或很长的时间，运动员要在竞赛中全程保持一定的运动强度或动作质量，就必须具备良好的耐力素质，就必须具备能与在持续运动过程中不断积累和加深的疲劳作斗争的能力。

疲劳是一种生理现象，是人体的一种自我保护机制。训练会导致人体疲劳，疲劳的产生则会限制人体继续承受训练负荷。

对于体能主导类（耐力性）项目来说，耐力素质的发展水平对运动员的专项竞技水平起着主导的作用；对其他项目来说，良好的耐力素质则有助于运动员更好地克服在训练和比赛中出现的疲劳，承受更大的训练负荷，提高训练效果，并在比赛中取得更好的成绩。

（二）耐力素质的分类

按人体的生理系统来分类，耐力素质可分为肌肉耐力和心血管耐力。肌肉耐力也称为力量耐力。心血管耐力分为有氧耐力和无氧耐力。

有氧耐力是指人体在氧气供应比较充足的情况下，能坚持长时间工作的能力。有氧耐力训练的目的在于提高人体吸收、输送和利用氧气的能力，促进人体的新陈代谢。

无氧耐力也叫速度耐力，它是指人体以无氧代谢为主要供能形式，坚持较长时间工作的能力。

无氧耐力又分为磷酸原代谢供能的无氧耐力和糖酵解代谢供能的无氧耐力。

在磷酸原代谢供能的情况下，磷酸肌酸的分解提供了能量，但不产生乳酸。人体处在这种情况下，坚持较长时间运动的能力，称为磷酸原代谢供能的无氧耐力。

在糖酵解代谢供能的情况下，糖的酵解提供了能量，同时产生乳酸。人体处在这种情况下，坚持长时间运动的能力，称为糖酵解代谢供能的无氧耐力。

依耐力素质对专项运动成绩的影响，耐力素质又可分为一般耐力和专项耐力。一般耐力是指对提高专项运动成绩起间接作用的基础性耐力；专项耐力是指与提高专项运动成绩有直接关系的耐力，具体来讲是指持续完成专项动作或比赛动作的耐力。

二、耐力素质训练的基本要求

（一）重视对运动员呼吸能力的培养

耐力素质训练中要十分注意呼吸问题。人体需要通过呼吸摄取坚持长时间运动必需的氧气。人体是通过提高呼吸频率和增加呼吸深度来吸取更多氧气的。一般来讲，没有参加过训练的人在长时间运动的过程中，主要通过提高呼吸频率来提升氧气的供给水平，而高水平运动员则主要通过增加呼吸深度来改善氧气的供给。

运动员在进行中等负荷的耐力素质训练时，就会出现每分钟的耗氧量与氧气供给量不一致的情况，在进行大负荷的耐力素质训练时，不一致的程度就更为明显，可见，培养运动员的呼吸能力是十分必要的。在进行耐力素质训练时，应加强对运动员用鼻呼吸能力的培养。从卫生角度看，鼻腔有黏膜，可以净化空气，也可以减缓氧气进入气管的速度，减少尘埃的吸入和阻止冷空气直接进入肺部。但是，游泳运动员多是用嘴呼吸，在训练中应加强对用鼻呼吸能力的训练。

各个运动项目的运动员都应加强呼吸节奏与动作节奏协调一致的训练。如果呼吸节奏紊乱，就会使动作节奏遭到破坏，从而影响运动成绩。

（二）加强对运动员意志品质的培养

运动员的意志品质在耐力素质训练中所起的作用是很重要的，意志坚强者的耐力表现要比意志薄弱者好得多，因此，在耐力素质训练中，必须注意对运动员意志品质的培养。温度过高、气压过低对一个人的耐力也会产生较大的影响，抵抗这些不利因素也需要运动员有坚强的意志品质。

消防员的耐力素质训练，可参考运动员的耐力素质训练来开展。

第三节　训练内容

动作要领：向前跑步时，头要正对前方，不要前探，两眼注视前方 5 ～ 10 米处。肩部适当放松，避免含胸。摆臂应是以肩为轴前后摆动，左右摆动的幅度以不超过身体正中线为宜，大小臂之间的夹角约为 90 度。躯干保持直立，不要左右摇晃或上下起伏太大。腰部保持自然直立，肌肉稍微紧张，使躯干保持挺直的姿势。注意缓冲脚着地时的冲击力。大小腿折叠向前摆时臀部先发力，大腿带动小腿。脚掌落地时靠近身体重心，不能有意识地向前伸小腿，避免跟腱因受力过大而劳损。脚掌外侧滚动式着地的同时膝关节微屈，否则膝关节和踝关节容易受伤。

呼吸时口鼻并用。要注意的是不能张大嘴呼吸，应该是口微开，轻咬牙，舌尖卷起，微微舔住上腭。呼吸时，要注意做到均匀而又有节奏，有适当深度。呼吸还应和步法密切配合，以更好地满足身体对氧气的需要，跑起来才会感到轻快自然。配合的方法主要有两步一呼、两步一吸，或三步一呼、三步一吸。中途加速跑或终点冲刺时，呼吸的深度和节奏可随着步伐的加快而相应地加深、加快。

一、长距离慢跑

训练目的：发展有氧代谢能力。

训练方法：每周一次，以感觉舒适的速度慢跑（最快速度的 60%～80%），心率控制在 120 ～ 160 次/分钟。慢跑时间从 30 分钟开始，每次增加 5 分钟，最长时间可达 90 分钟。不需要考虑距离，只需计时间，其他的一切由身体感觉去决定。如图 3－3－1所示。

图 3－3－1

二、间歇跑

训练目的：发展混氧代谢能力。

训练方法：每周一次，训练距离为400～2000米，间歇时间为2～5分钟，强度最好控制在最快速度的80%～90%，心率控制在170～190次/分钟。组数为4～10组。心率恢复到130次/分钟左右时，就进行下一组的训练。如图3-3-2所示。

图3-3-2

三、场地变速跑

训练目的：发展速度耐力。

训练方法：每周一次，每次20～30分钟，200米快跑、100米慢跑交替进行，不停顿。快跑时用自己90%的能力，慢跑时以调整恢复为主。在训练中要不断缩短慢跑时间，提高无氧代谢水平和肌肉力量，适应维持高速度奔跑的情况。如图3-3-3所示。

图3-3-3

四、台阶跑

训练目的：发展耐乳酸代谢能力和登楼能力。

训练方法：每周一次，每次20～30分钟，跑4～20层楼，快速跑上去，慢跑或走下来。选择的楼道要宽畅，光线要明亮。训练时应选择行人较少的楼道台阶或户外台阶。进行台阶跑练习前一定要充分做好准备活动，充分拉伸肌肉和关节，防止肌肉拉伤和关节扭伤。如图3-3-4所示。

图3-3-4

五、斜坡跑

图 3－3－5

训练目的：发展耐乳酸代谢能力。

训练方法：每周一次，每次做 8～10 组。选择长度 200 米左右的斜坡，坡度在 20 度左右，快速跑上，慢跑或快走下。在跑的过程中要保持高重心，膝关节高抬，摆臂加大，前脚用力后蹬，上体前倾，步幅稍小，但频率要快。快要到达坡顶时不能减速，即便能量消耗很大，也要保持同样的步幅、步频坚持跑到坡顶。如图 3－3－5 所示。

六、蹲踞式起跑

图 3－3－6

训练目的：发展快速反应能力。

训练方法：跑步距离 30 米，每组 3～4 次，做 2～3 组。短距离速度训练通常采用蹲踞式起跑，在做起跑的预备姿势时，将重心稍前移，以肩关节投影到或稍超过起跑线为佳。听到“预备”口令时，要集中注意力听“跑”的口令或枪声；听到“跑”或枪声后，后、前两脚依次用力蹬地，同时手也用力推地，使身体重心持续、逐渐升高，避免产生停顿。如图 3－3－6 所示。

七、后蹬跑

图 3－3－7

训练目的：提高和改进跑步技术。

训练方法：跑步距离 60 米，每组 3～4 次，做 2～3 组。上体正直或稍前倾，两臂前后有力摆动。蹬伸腿时充分伸展髋关节。膝、踝关节蹬伸之后，摆动腿积极向前上方摆动至水平或接近水平时，带动同侧髋充分前送，同时膝关节放松，大腿积极下压。小腿前送至足前掌着地，缓冲后迅速转入后蹬。如图 3－3－7 所示。

八、加速跑

图 3－3－8

训练目的：发展加速跑能力。

训练方法：跑步距离 30～60 米，每组 3～4 次，做 2～3 组。前几步要小步，保持身体向前倾斜，让身体重心慢慢地升高，千万不要一下子抬起身体重心。步幅逐渐加大，掌握好重心的高低和上体的抬起速度。步幅与步频随跑速的增加而增大。需要注意的是，如果后蹬角度小、蹬地动作幅度大，则加速快。如图 3－3－8 所示。

九、让距离追赶跑

训练目的：发展快速赶超能力。

训练方法：跑步距离 60～100 米，每组 3～5 次，做 3 组。两人一组，前后分开，速度慢者在前，速度快者在后，间隔距离依据两人速度快慢进行调整。听到起跑口令后同时出发，在规定的距离内同时到达。如图3－3－9所示。

图 3－3－9

十、牵引跑

训练目的：发展速度和协作能力。

训练方法：跑步距离 60～100 米，每组 3～5 次，做 3 组。两人一组，前后分开，速度慢者在后，速度快者在前，通过牵引绳给慢者一种向前的拉力，帮助速度慢者提高速度，同时加强速度快的人的抗阻能力。如图 3－3－10 所示。

图 3－3－10

十一、水带负重跑

训练目的：发展负重快速奔跑的能力。

训练方法：跑步距离 60 米，每组 4～5 次，做 2～3 组。消防员左右手各持一盘水带，半蹲踞式起跑。听到起跑口令后两腿用力蹬地，使身体向前冲出。尽量保持躯干和手臂的稳定，减少不必要的能量消耗，加速跑过终点线。如图 3－3－11 所示。

图 3－3－11

第四章

体能训练室训练

人体肌肉分布情况如图 4 –0 –1、图 4 –0 –2 所示。

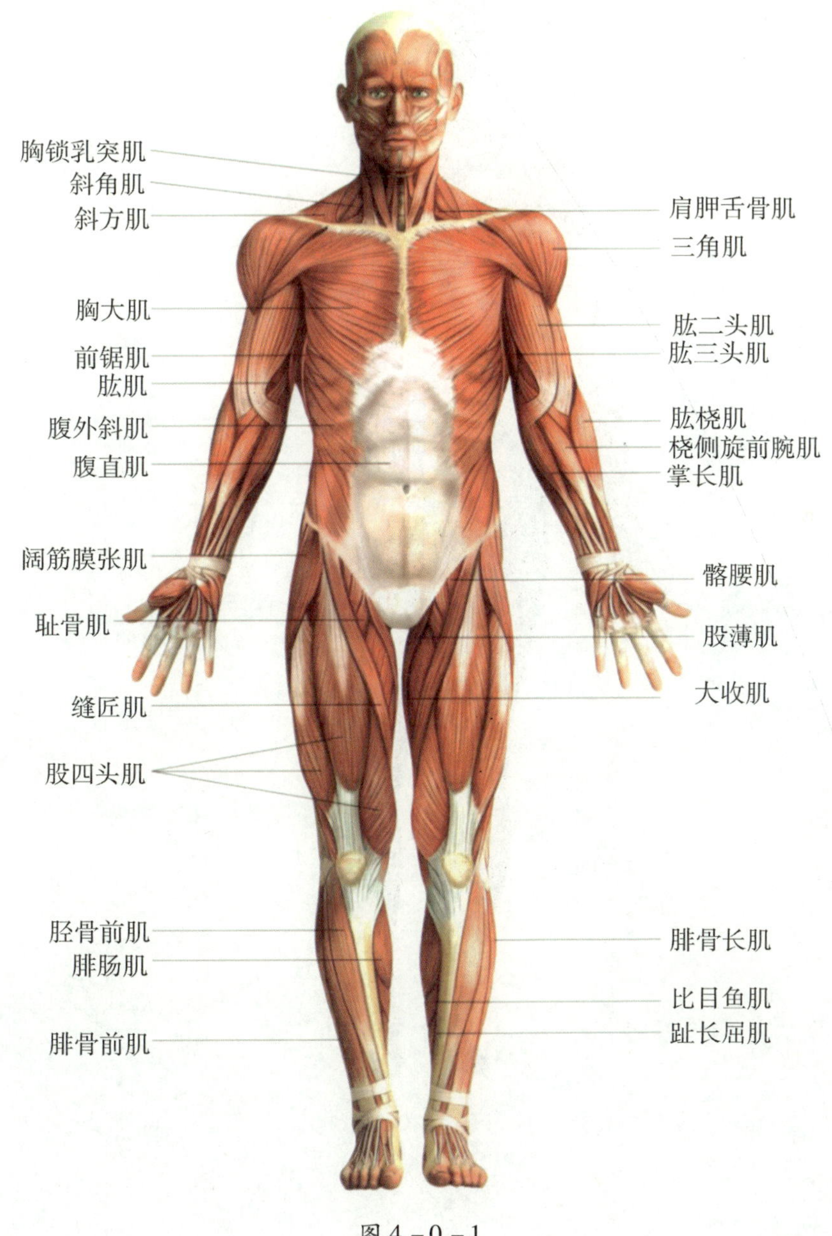

图 4 –0 –1

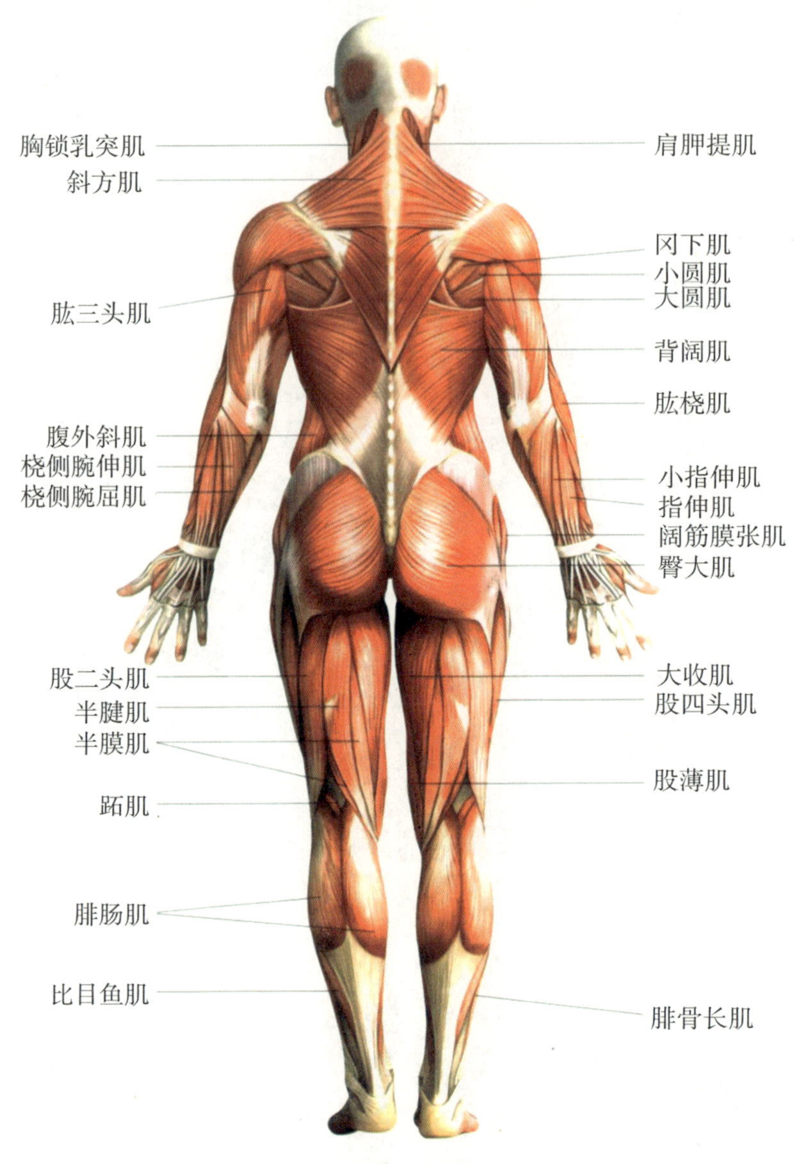

图 4－0－2

说明

本章中，以下符号表示对应的参与肌群：

- 原动肌：主动做功的肌肉（收缩）。
- 协同肌：协助原动肌进行动作的肌肉。
- 拮抗肌：作用与原动肌相反的肌肉。
- 支点：运动的支撑点。

第一节　胸部肌力训练方法

胸部肌肉分布情况如图 4-1-1 所示。胸部肌肉中，最大也最有力量的肌肉是胸大肌。其他的肌肉，虽然我们在健身时并不重视对它们的锻炼，但是我们仍然不能忽视它们。

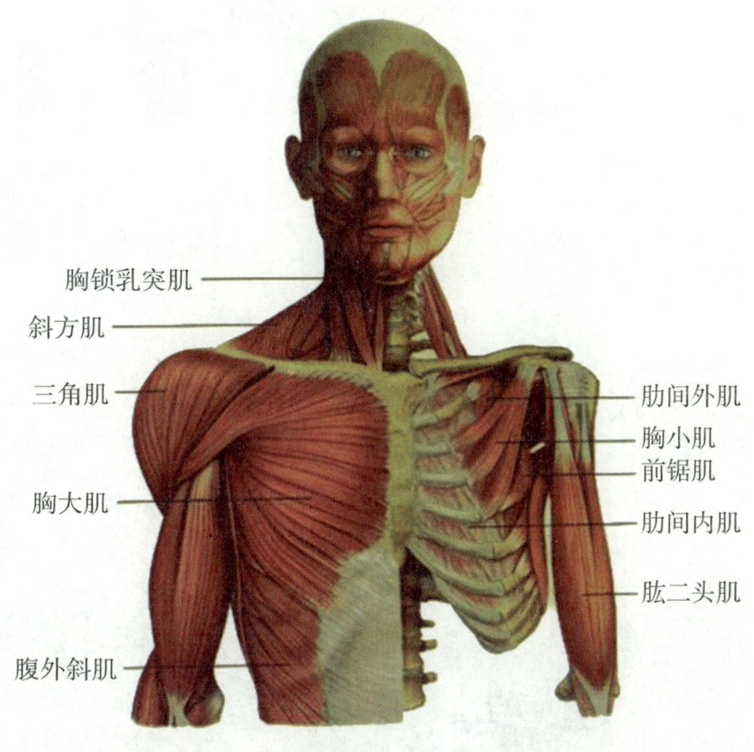

图 4-1-1

胸大肌覆盖在胸骨上，它起于锁骨的前表面，止于肱骨大结节嵴。胸大肌可使肩关节水平屈曲、内收和内旋。在篮球、手球、回力球等球类运动，投掷类运动，柔道和其他格斗运动中，胸大肌是最为常用的肌肉。

胸小肌起于第三根至第五根肋骨的前表面，止于肩胛骨喙突起处。胸小肌可使肩关节水平屈曲和旋转。在拳击、柔道等推动拳头进行攻击的运动中，常常用到胸小肌。

胸大肌与胸小肌如图 4－1－2 所示。

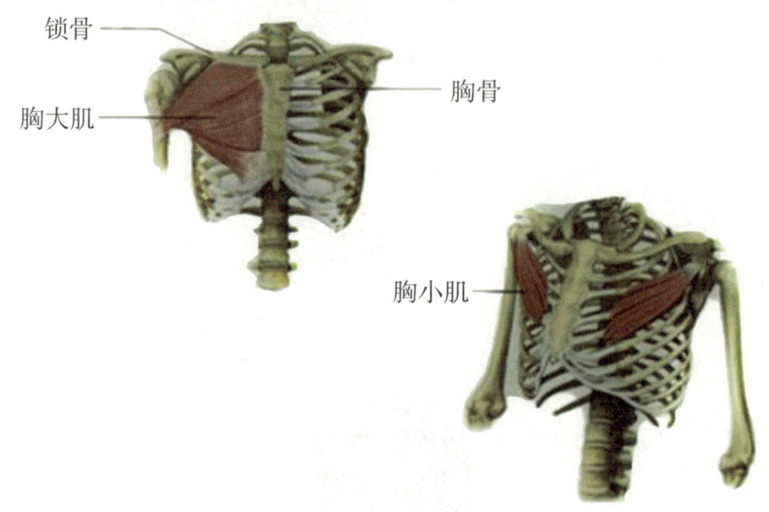

图 4－1－2

一、哑铃卧推

起始姿势：手持两个哑铃，躺在平放的椅子上，掌心相对。

训练要点：抓住哑铃从中胸上方开始上推，直至双臂几乎完全伸展（不需要完全伸直）。将哑铃降至与胸同高位置，短暂停顿后回到起始姿势。

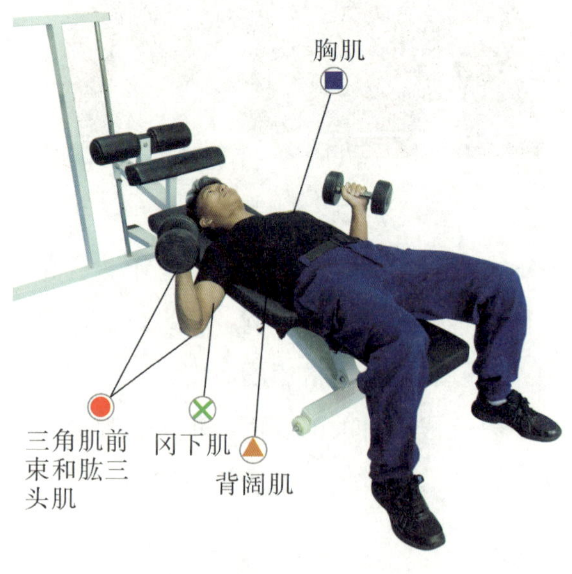

图 4－1－3

动作等级：初级、中级和高级。

注意事项：肘部不要放得太低，这样可以避免肩关节劳损并降低受伤风险。

动作如上页图 4－1－3 所示。

二、上斜哑铃卧推

起始姿势：手持一对哑铃，坐在倾斜的椅子上。

训练要点：垂直向上将哑铃推过头顶，然后弯曲肘部将哑铃放低。推举哑铃达到最高处时，保持胸肌收缩。在举起和放低哑铃时，始终遵循同样的轨迹。

动作等级：高级。

注意事项：不要将哑铃放得过低，因为那样会压迫肩关节。

动作如图 4－1－4 所示。

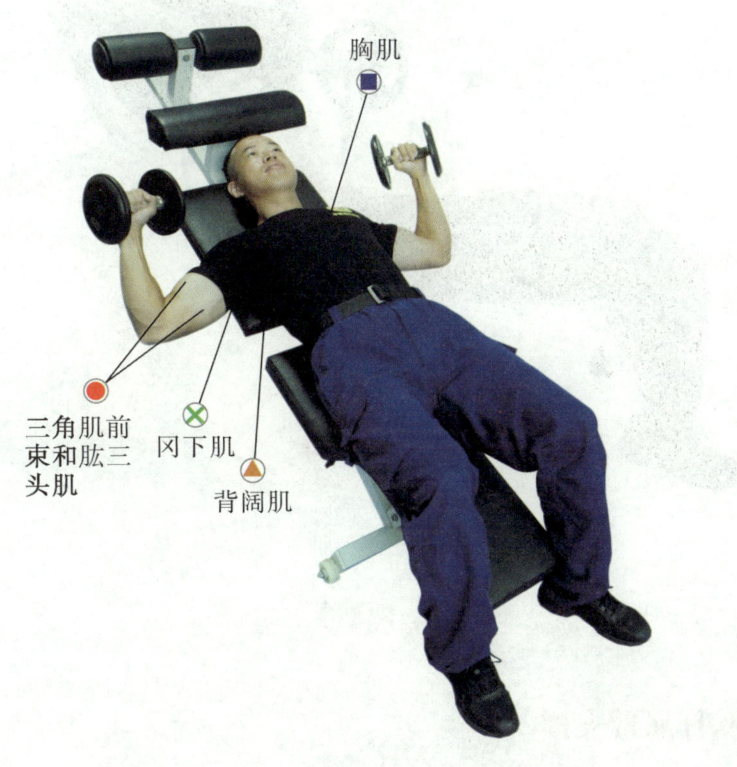

图 4－1－4

三、杠铃卧推

起始姿势：躺在平放的椅子上，两手比肩略宽，握住杠铃后举起，使之离开支撑架。

训练要点：将杠铃慢慢地放低至胸前，待前臂与地面垂直时停住，然后回到起始姿势。

动作等级：中级和高级。

注意事项：脊柱保持自然弯曲。

动作如图 4－1－5 所示。

图 4－1－5

四、双杠屈臂支撑

起始姿势：选取一个位置抓住双杠，撑起躯干，但不要完全伸直肘关节。

训练要点：屈肘关节，躯干向下运动直至臂与双杠平行，躯干微微前倾。

动作等级：高级。

注意事项：双杠的间距必须恰当，如果相距太远，胸肌与肱骨连接处会承受较大的压力，有受伤的风险。

动作如图 4－1－6 所示。

图 4－1－6

五、上斜哑铃飞鸟

起始姿势：坐在向上倾斜的椅子上，手持哑铃，双臂向胸部正上方伸举。

训练要点：肘关节保持微微弯曲，将哑铃向外侧方向放低至与胸同高位置，然后反向运动，回到起始姿势。

动作等级：高级。

注意事项：选择适当的哑铃重量。

动作如图 4－1－7 所示。

图 4－1－7

六、上斜杠铃推举

起始姿势：坐在倾斜的椅子上，两手比肩略宽，握住杠铃后举起，手臂伸直。

训练要点：将杠铃慢慢放低至胸前上部（锁骨与胸骨相接处），然后回到起始姿势。

动作等级：高级。

注意事项：保持肩胛骨靠在椅背上。

动作如图 4－1－8 所示。

图 4－1－8

七、下斜杠铃推举

起始姿势：躺在向下倾斜的椅子上，双手握住杠铃置于胸部上方。

训练要点：将杠铃慢慢放低至胸前下部，短暂停顿后将杠铃举起，回到起始姿势。

动作等级：高级。

注意事项：不要将杠铃放低至颈部，因为那样会增加肩关节损伤的风险。

动作如图 4－1－9 所示。

图 4－1－9

八、练习器夹胸

起始姿势：坐在蝴蝶机上，并将前臂压在垫子上。

训练要点：移动上臂直到两块垫子在前方相碰，短暂停顿后反向运动，回到起始姿势。

动作等级：初级、中级和高级。

注意事项：不要提高你的髋关节，或用手施加过大的压力。

动作如图 4－1－10 所示。

图 4－1－10

九、仰卧哑铃上拉

起始姿势：躺在平放的椅子上，双手握住一只哑铃，双臂向胸部上方伸举，肘关节微微弯曲。

训练要点：缓慢地沿弧线拉低哑铃至头部后方，直至手臂与地面平行，并与躯干在同一水平面上，然后举起哑铃做反向运动，回到起始姿势，使手臂与躯干垂直。

动作等级：高级。

注意事项：在放低和举起哑铃时不要过分弓起背部和腰部，尤其是腰部。

动作如图 4－1－11 所示。

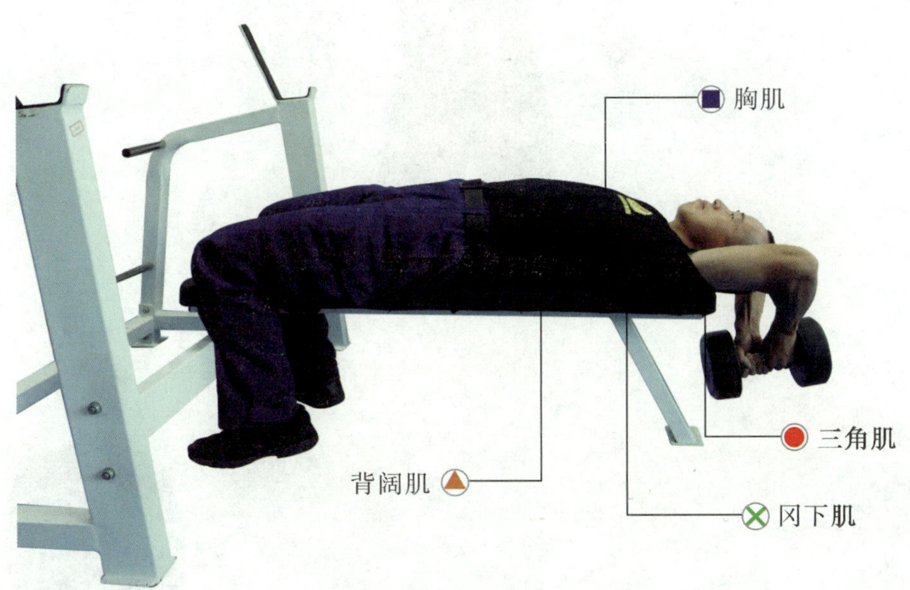

图 4－1－11

第二节　背部肌力训练方法

背部肌肉分布情况如图 4－2－1 所示。

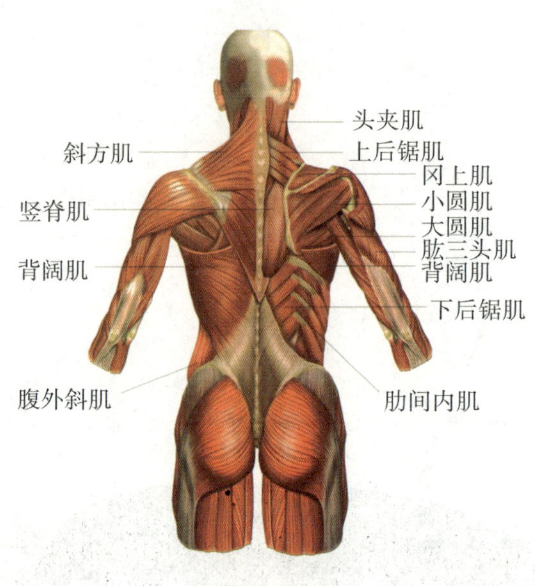

图 4－2－1

一、哑铃耸肩

起始姿势：直立，双手各拿一只哑铃并垂于体侧。

训练要点：尽可能地向上耸肩，保持几秒钟的肌肉收缩，然后放低哑铃，回到起始姿势。

动作等级：初级、中级和高级。

注意事项：不要向前或向后提起肩关节，只能向上提。

动作如图 4－2－2 所示。

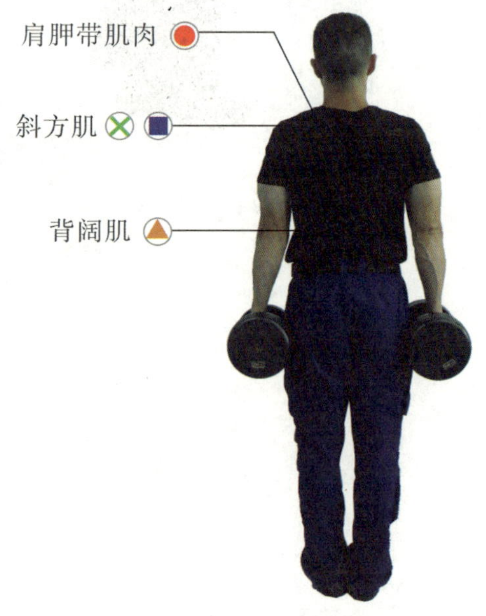

图 4－2－2

二、宽握正手引体向上

起始姿势：正握单杠，握距大于肩宽。

训练要点：以肘拉动身体上移，上拉至下巴高于横杠，在最高点停顿两秒钟，然后缓慢向下放低身体，回到起始姿势。

动作等级：高级。

注意事项：应缓慢放低身体，避免突然晃动，否则会对肩关节造成伤害。

动作如图 4－2－3 所示。

图 4－2－3

三、窄握距下拉

起始姿势：端坐在练习器上，反手握杠，握距为一脚宽（30 厘米）。固定好膝盖。

训练要点：将杠下拉至胸部上方，身体倾斜角度不超过 30 度。握杠停顿两秒钟，然后回到起始姿势。

动作等级：中级和高级。

注意事项：如果未固定好膝盖，会引起脊柱区域疼痛并限制训练能力。

动作如图 4 – 2 – 4 所示。

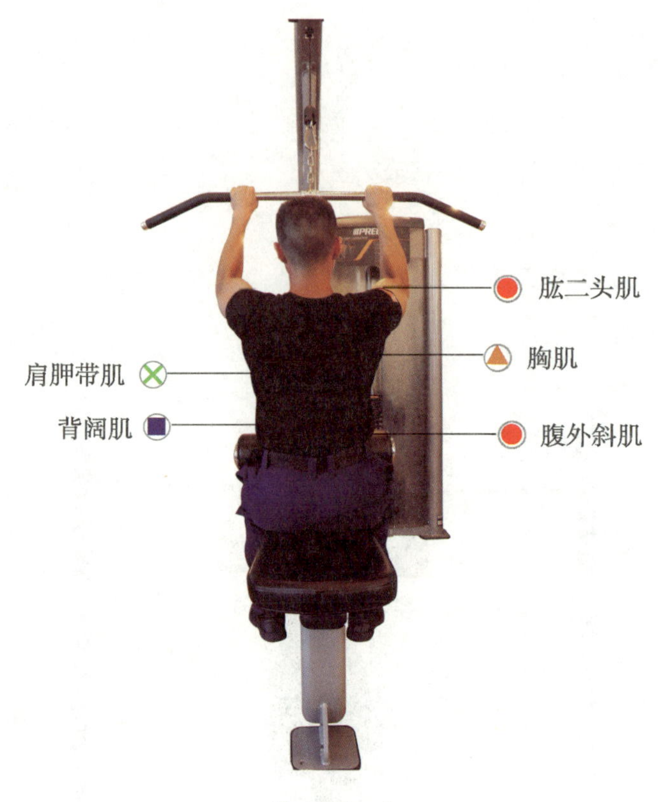

图 4 – 2 – 4

四、宽握距下拉

起始姿势：端坐在练习器上，反手握杠，握距比肩略宽。谨记将膝关节固定在练习器上。

训练要点：将杠下拉至胸部上方，肩关节向下和向后移动。握杠停顿两秒钟，然后回到起始姿势。

动作等级：中级和高级。

注意事项：不要弯曲或伸展颈部。

动作如图 4 – 2 – 5 所示。

图 4 - 2 - 5

五、坐姿拉力器划船

起始姿势：坐在椅子上，面向拉力器，手臂向前方伸直，在较低的高度抓住把手。适当调整坐姿，使得双脚被固定时膝关节微微弯曲而脊柱保持笔直。

训练要点：朝胸上部拉把手，保持肌肉收缩两秒钟，然后回到起始姿势。

动作等级：中级和高级。

注意事项：拉把手时脊柱自然弯曲。

动作如图 4 - 2 - 6 所示。

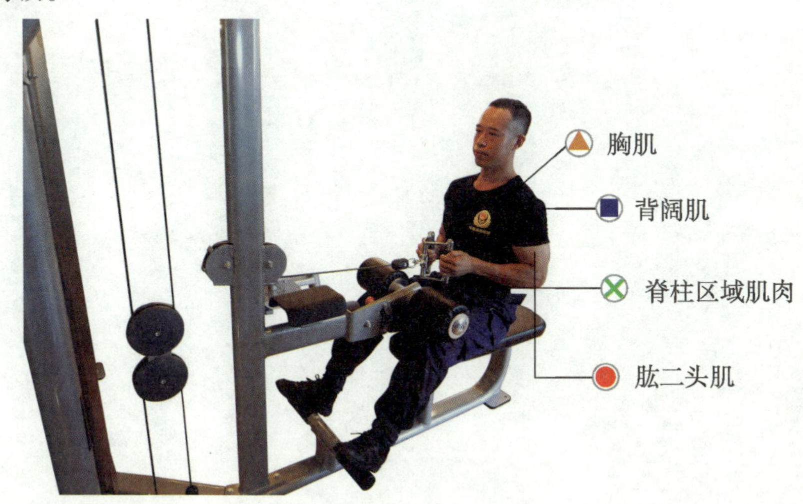

图 4 - 2 - 6

六、哑铃划船

起始姿势：将哑铃放置在板凳一侧，再将异侧的膝和手置于板凳上。

训练要点：抬起哑铃，平稳、缓慢地向髋关节移动。当哑铃抵达髋关节旁边时，停顿两秒钟，然后缓慢放低哑铃。

动作等级：中级和高级。

注意事项：不要向前方举起哑铃，而应向上和向后举起。

动作如图 4－2－7 所示。

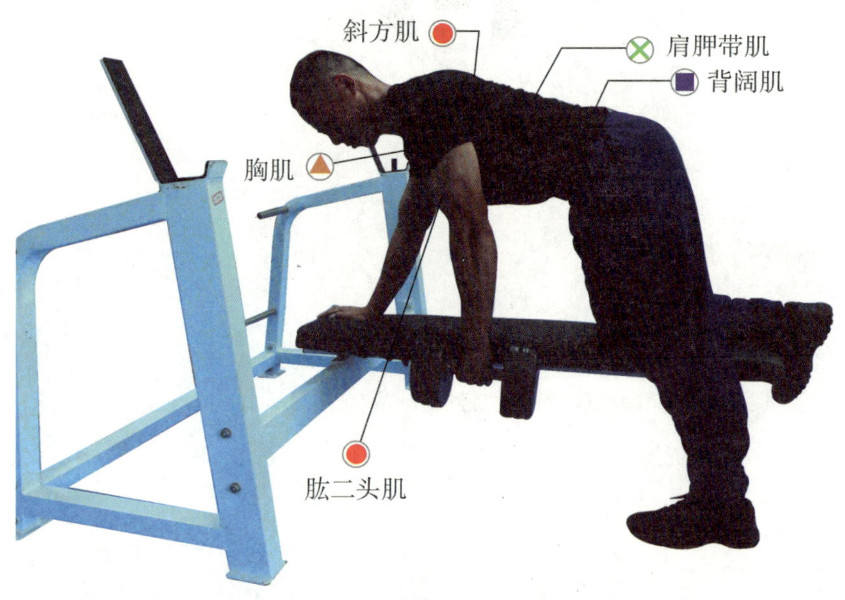

图 4－2－7

第三节　肩部肌力训练方法

肩部肌肉分布情况如图 4－3－1 所示。

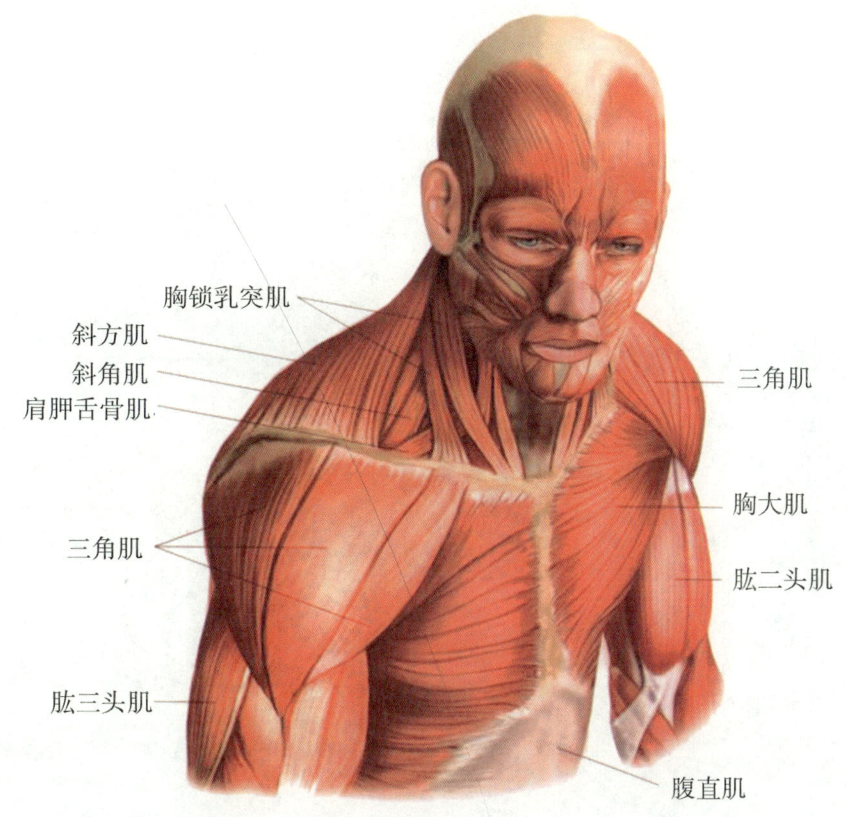

图 4－3－1

肩部是双臂与躯干相连的地方。肱骨、肩胛骨和锁骨的末端都在肩部汇集。肩胛骨、肱骨的关节拥有很高的活动自由度，但在大负荷和大角度移动的训练中相对不稳定，所以我们在所有涉及肩部的练习里都应多加小心。

三角肌是覆盖肩关节并让这部分身体看起来圆滑的肌肉，它的主要作用是使肩关节外展和向前拉伸。三角肌分中束、后束和前束，如图 4－3－2 所示。

三角肌中束起于肩胛骨（肩胛冈和肩峰），附着在肩峰上。它的主要作用是使肩关节外展。它在游泳中是很重要的肌肉，尤其是在做单臂向后划水、向前爬行抱水以及蝶泳动作时。

三角肌后束出现在肩胛冈上。它的主要作用是使肩关节伸展和向后拉伸。赛艇、射箭和游泳等运动中常用到这块肌肉。

三角肌前束起于远端第三根锁骨，与三角肌中束和后束一起止于肱骨三角肌突起处。它的主要作用是使肩关节向前拉伸和弯曲。挺举和投掷铅球，以及在面前端持一件物品（比如射箭）的运动中，较多地用到这块肌肉。

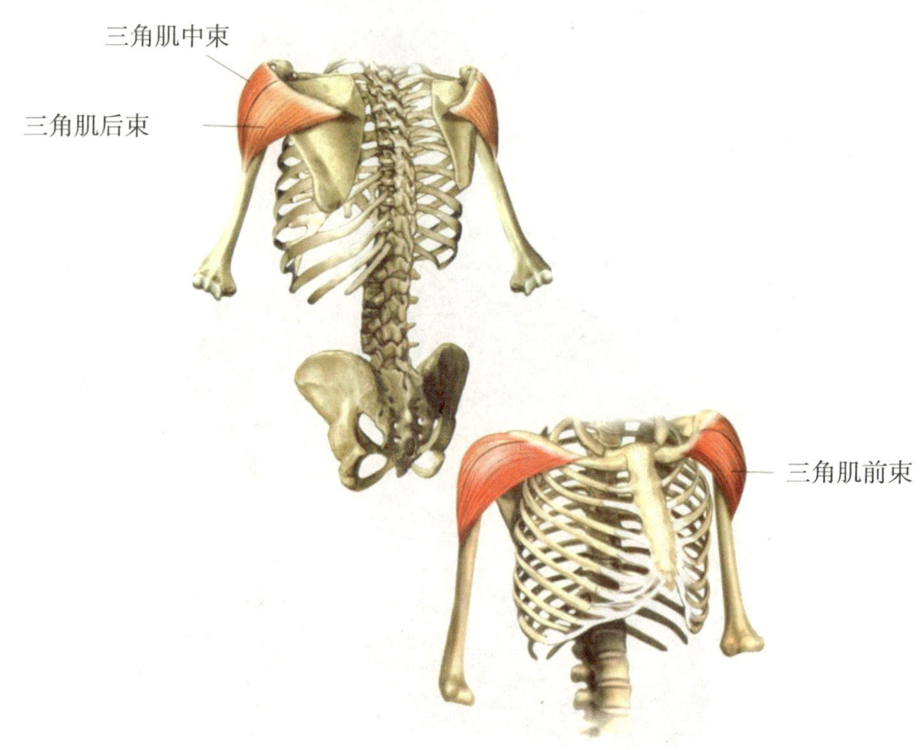

图 4－3－2

一、站姿哑铃侧平举

起始姿势：站立，双脚与肩同宽，膝关节和肘关节微微弯曲，手持哑铃置于身体前方。

训练要点：通过肩关节外展向身体两侧上抬哑铃。在整个动作过程中肘关节保持微微弯曲。当两臂成一条直线并与身体成 90 度角时，反向移动（放低）哑铃，注意速度不要过快。

动作等级：初级、中级和高级。

注意事项：放低哑铃时躯干不要倾斜，举起哑铃时不要晃动背部。

动作如图 4－3－3 所示。

图 4－3－3

二、单臂哑铃侧平举

起始姿势：用一只手抓住竖直的支撑物，身体向一侧倾斜；另一只手握住哑铃，肘部略微弯曲，前臂与地面垂直。

训练要点：通过肩部外展，在体侧举起哑铃，直至手臂与地面平行，然后以可控的速度缓慢回到起始姿势。在此过程中保持胳膊像钟摆一样摆动。

动作等级：初级、中级和高级。

注意事项：确保支撑物牢固并保持身体稳定。

动作如图 4－3－4 所示。

图 4－3－4

三、单臂上斜哑铃侧举

起始姿势：用同侧的肘部、前臂、臀部和大腿将身体斜撑在板凳上，异侧手拿起哑铃置于体侧，肘关节微微弯曲。

训练要点：通过肩关节外展来举起哑铃，直至胳膊与躯干成 90 度角，然后放低哑铃，回到起始姿势。整个过程中动作须缓慢。

动作等级：高级。

注意事项：在开始做动作之前，确保板凳是稳固的。

动作如图 4－3－5 所示。

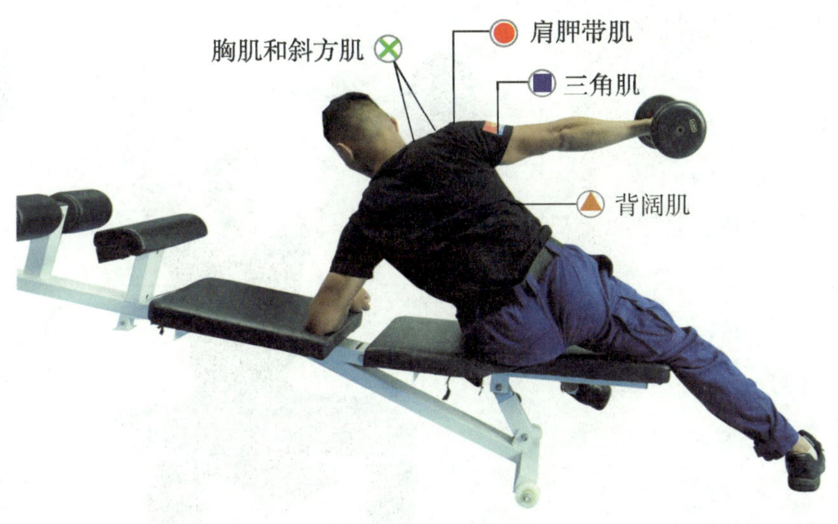

图 4－3－5

四、单臂哑铃前平举

图 4－3－6

起始姿势：双手正握（掌心向下）哑铃并置于大腿前面，膝关节微微弯曲。双脚分立，与肩同宽。

训练要点：借助肩部的弯曲交替举起哑铃，而不是用背部的力量。第一只哑铃的移动结束后才开始举起第二只哑铃。

动作等级：初级、中级和高级。

注意事项：确保背部稳定并与地面垂直。

动作如图 4－3－6 所示。

五、肩上推举杠铃

图 4－3－7

起始姿势：坐在带靠背的椅子上，上体微微向前倾，双手抓住杠铃置于锁骨上方。

训练要点：肩关节外展，向上推举杠铃，直至两肘绷紧。用可控的速度将杠铃缓慢放下，直至杠铃几乎接触胸部。

动作等级：中级和高级。

注意事项：确保背部紧贴椅背，避免将双臂降低到与躯干成小于 45 度角的位置。

动作如图 4－3－7 所示。

六、变换握法推举哑铃

图 4－3－8

起始姿势：坐在椅子上，双肘在身体前面弯曲，双手握住哑铃，掌心朝向身体。

训练要点：推举哑铃，同时旋转手腕，使得哑铃在最高点处时掌心向前。肘关节绷紧，从前方向两侧和上方移动。然后反向移动哑铃，回到起始姿势。

动作等级：高级。

注意事项：使用带靠背的椅子。

动作如图 4－3－8 所示。

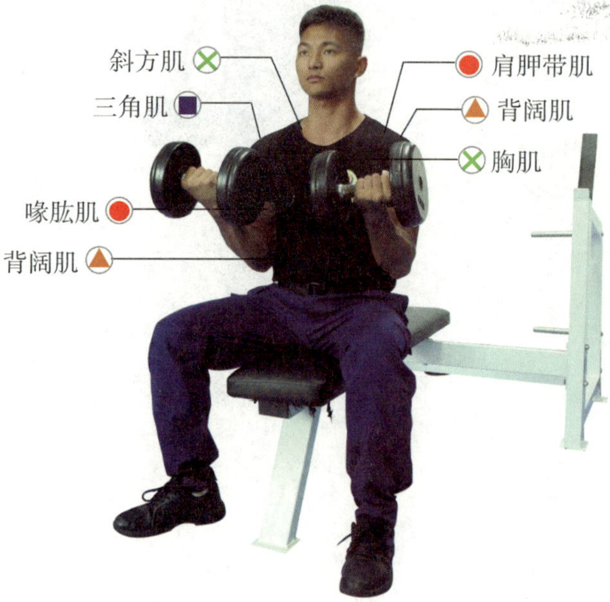

七、坐姿哑铃飞鸟

起始姿势：双脚并拢坐在板凳上，胸部靠在大腿上。双手各持一只哑铃，肘关节微微弯曲，掌心相对。

训练要点：通过肩关节伸展（向后拉伸）抬起哑铃，肘关节始终保持相同的弯曲角度，然后回到起始姿势，注意不要快速放低哑铃。

动作等级：中级和高级。

注意事项：每组练习结束后，在起立前要先将哑铃置于地板上。

动作如图 4－3－9 所示。

图 4－3－9

第四节　腿部肌力训练方法

腿部肌肉分布情况如图 4－4－1 所示。

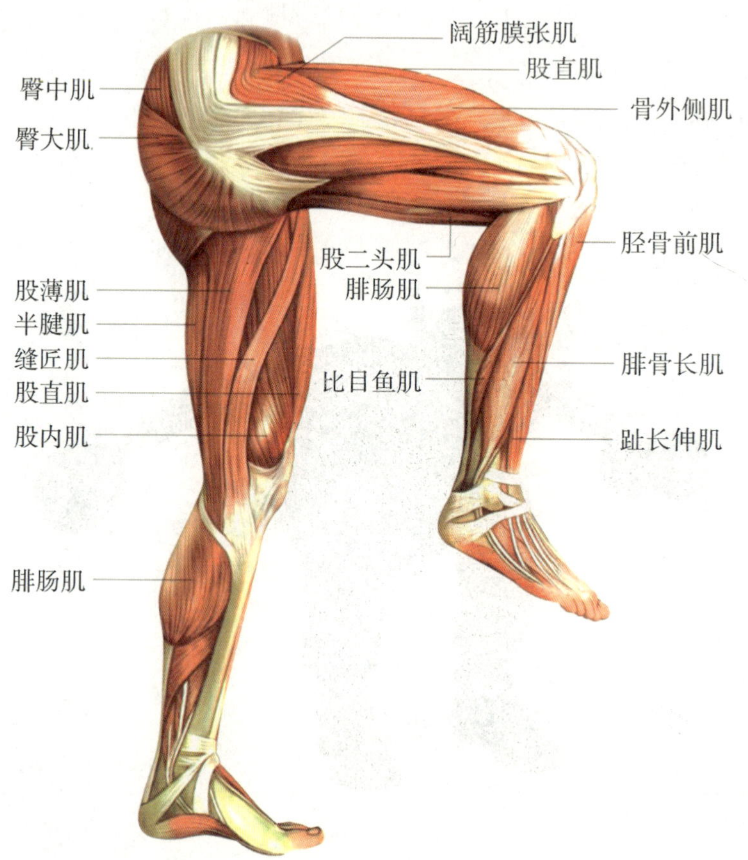

图 4－4－1

广义上来讲，腿部是臀部与脚踝之间的下肢部分。腿部肌肉的锻炼常常被健身者忽视，但实际上，一个美观悦目、功能平衡的身体，需要有发达的双腿。从审美角度来看，腿部可以平衡上半身和下半身的大小对比；从功能角度来看，我们的下肢使得一些活动成为可能，例如散步、跑步、跳跃、骑行等。

股四头肌是人体上最大的一块肌肉。它由四块较轻小的肌肉组成，分别是股直肌、股内侧肌、股外侧肌和股中间肌，这四块肌肉汇合于大腿前侧，如图 4－4－2 所示。

股四头肌是使人能够站立和移动的很有力的肌肉，它的主要作用是使膝关节伸直。这块肌肉在所有涉及移动和跳跃的运动中都很重要，尤其是跳远、跳高以及所有的跑步项目，足球、排球和篮球等运动也很仰仗它。

腘绳肌由大腿后侧的三块肌肉组成，分别是半膜肌、半腱肌和股二头肌，如图 4－4－3 所示。它们的作用是弯曲膝关节。

这个肌群被用在突然加速的动作中，所以在需要快速移动（包括快速启动、快速停止以及改变运动方向）的运动项目中，它经常受到损伤。这类运动项目包括足球、网球、100 米短跑等。

腓肠肌一般被称为“小腿”，但它实际上位于小腿的后侧。它包括内侧和外侧两部分，如图 4－4－4 所示。它的主要作用是在脚踝处做足底弯曲，使我们能够踮起脚尖，所以它对节奏运动如体操、芭蕾等来说很重要。

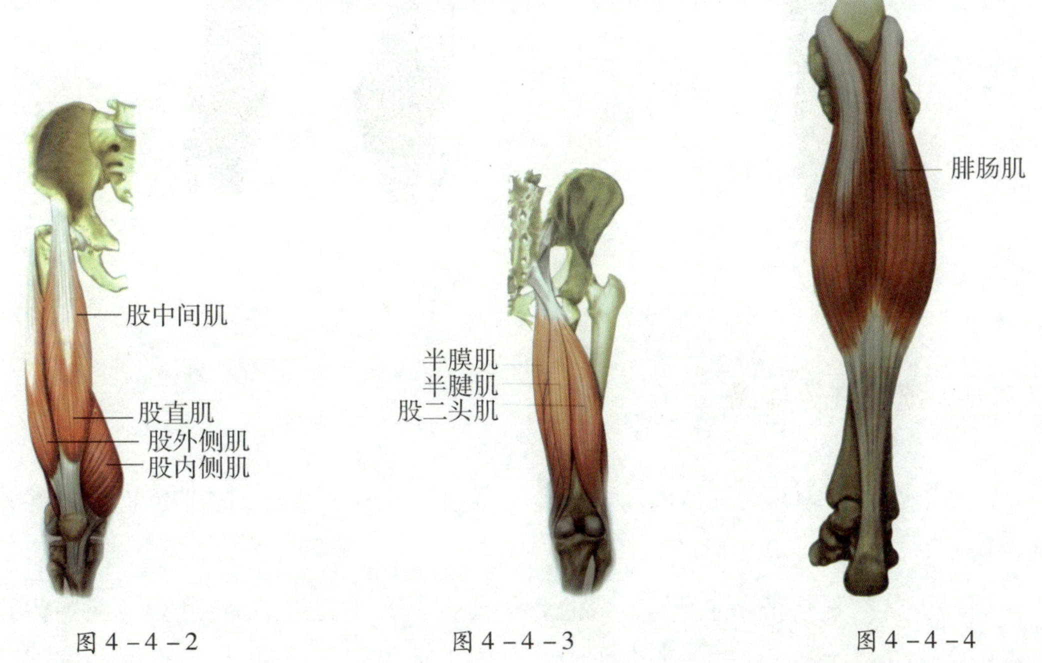

图 4－4－2　　图 4－4－3　　图 4－4－4

比目鱼肌位于小腿的后侧，如图 4－4－5 所示。它的主要作用是与腓肠肌一起使足底弯曲。它与腓肠肌一起止于跟腱，并在同样的运动项目中被用到。

阔筋膜张肌如图 4－4－6 所示。它的主要作用是使髋部外展，即使下肢从身体中轴线向外移动。它可使双腿分开。柔道中的横向移动，以及跆拳道和空手道中的移动和踢腿，都会用到它。

内收肌包括大收肌、短收肌和长收肌。这个肌群的主要作用是使髋部内收，即使下肢向身体中轴线移动。它们使得双腿可以并拢。柔道（涉及双腿的动作）和足球（向里传球时）等运动很需要它们。

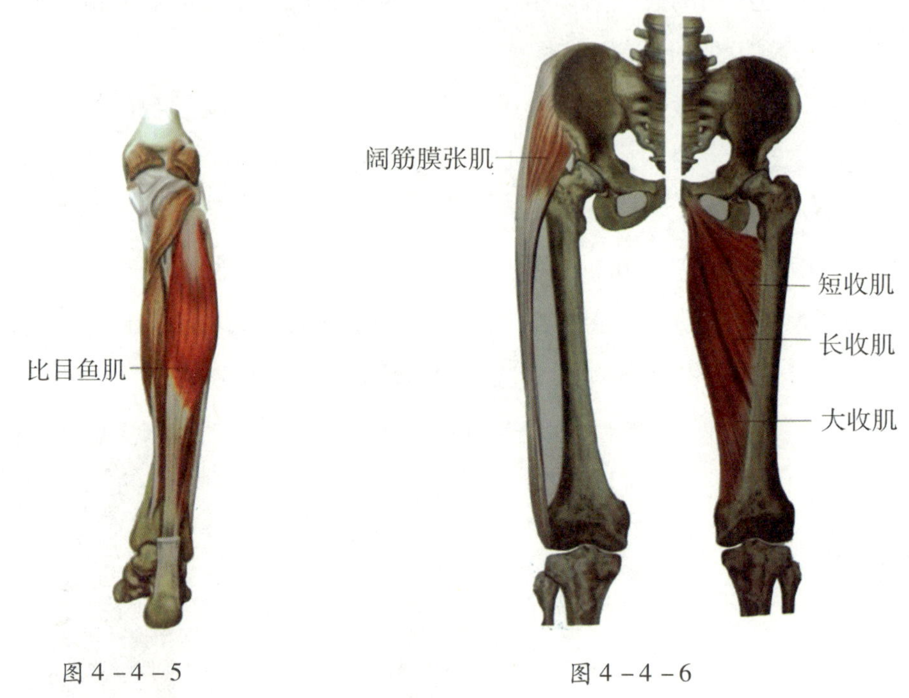

图 4－4－5　　图 4－4－6

一、颈后杠铃深蹲

起始姿势：双脚开立，与肩同宽，膝关节绷直但不要锁死，双手紧握杠铃并置于颈后肩上。

训练要点：上半身向前倾斜，弯曲膝关节直至大小腿成约 90 度角，保持背部挺直，缓慢下蹲，然后回到起始姿势。

动作等级：高级。

注意事项：在下蹲阶段，可以稍微向前倾斜上半身来保持平衡，但应避免弓背。

动作如图 4－4－7 所示。

图 4－4－7

二、颈前杠铃深蹲

起始姿势：双脚开立，与肩同宽，将杠铃放在肩的前面，端起肘关节以保持平衡。

训练要点：身体下蹲，弯曲髋关节和膝关节直至大小腿成大约 90 度角，然后回到起始姿势。

动作等级：高级。

注意事项：下蹲过程要缓慢且平稳可控，膝关节不要锁死。

动作如图 4－4－8 所示。

图 4－4－8

三、颈后杠铃站姿提踵

图 4－4－9

起始姿势：双手抓住杠铃站立并将其横放在肩上。

训练要点：弯曲踝关节，踮起脚尖，然后放下来。可将前脚掌置于杠铃片或其他能稍微增高的物件上，以增加脚踝的移动范围。记住，当膝关节完全伸直时，不要将它们锁死。

动作等级：中级和高级。

注意事项：确保身体稳定。可以利用移动电机或哈克机来做练习，也可以利用健身房里可用的特定机器。

动作如图 4－4－9 所示。

四、颈后杠铃弓步蹲

起始姿势：将杠铃扛在双肩上，双手抓住杠铃，双腿前后分开站立，上半身与地面垂直。

训练要点：降低身体，直至后腿膝盖触地，但不要用力触碰地面。保持背部挺直且与地面垂直，直至处于弓箭步姿势，然后绷直膝关节，回到起始姿势。

动作等级：初级、中级和高级。

注意事项：在蹲起过程中始终确保膝关节弯曲的角度不小于 90 度。

动作如图 4－4－10 所示。

图 4－4－10

五、练习器腿外展

起始姿势：两腿并拢坐在练习器上，弯曲膝关节，将双脚放在可移动的支撑垫上。辅助垫应与膝关节的外侧接触。

训练要点：通过髋关节外展来使双腿分开。分开到最大限度时，保持该姿势一小段时间，然后回到起始姿势。要控制好双腿收拢的速度。

动作等级：初级、中级和高级。

注意事项：将膝盖的外侧置于辅助垫上的恰当位置，使用尽可能大的支撑面，并保持双脚在辅助垫上稳定不动。

动作如图 4－4－11 所示。

图 4－4－11

六、俯卧腿弯举

起始姿势：脸朝下躺在练习器上，腿部伸直，辅助垫位于脚踝后侧。

训练要点：弯曲膝关节，举起辅助垫。举起后，再缓慢放下。放下时不要使辅助垫重重撞击支撑架。

动作等级：初级、中级和高级。

注意事项：应注意举、放的速度和举起的重量，因为动作所涉及的肌肉并不特别强壮，突然用力很容易造成损伤。

动作如图 4－4－12 所示。

图 4－4－12

七、单腿哑铃站姿提踵

起始姿势：单腿站立，将前脚掌置于台阶边缘或哑铃片等物体上。一只手拿一只哑铃，另一只手扶住支撑架以保持身体平衡。

训练要点：着地腿弯曲踝关节，踮起脚尖，然后回到起始姿势。在练习时应利用惯性，避免蹦跳。

动作等级：初级、中级和高级。

注意事项：尽可能用空闲的手支撑自己以保持平衡，并保持脊柱挺直。

动作如图 4－4－13 所示。

图 4－4－13

第五章

拉伸放松

第一节　内收肌拉伸

训练目的：牵拉大腿内收肌。

场地器材：空旷的场地，训练垫。

动作要领：坐姿，两脚并拢，脚掌相对，脚跟靠近臀部。两手抓住脚尖轻轻上拉，膝关节尽量向外张开，牵拉大腿内侧肌肉。如图 5－1－1、图 5－1－2 所示。

注意事项：背部挺直，髋部尽量向前。

图 5－1－1

图 5－1－2

第二节 腘绳肌、二头肌拉伸

训练目的：牵拉腘绳肌、二头肌。

场地器材：空旷的场地，训练垫。

动作要领：跨栏坐姿，两腿夹角约90度。上体慢慢前屈，让腹部靠近大腿前侧，牵拉大腿后侧肌肉群。如图5－2－1所示。

注意事项：不要弯腰让头部靠近大腿前侧，而是让腹部靠近大腿前侧。

图5－2－1

第三节　梨状肌拉伸

训练目的：牵拉梨状肌。

场地器材：空旷的场地，训练垫。

动作要领：一条腿屈膝坐于训练垫上，另一条腿向后伸直，身体向前屈，双手前伸，直至感觉臀部外侧肌肉有适当牵拉感。前置腿的膝关节尽量成 90 度角。如图 5－3－1、图 5－3－2 所示。

注意事项：前置腿的大腿和小腿不要折叠成跪姿，小腿要尽量前伸，成坐姿，但大小腿之间的夹角不能大于 90 度。

图 5－3－1

图 5－3－2

第四节　坐骨神经拉伸

训练目的：牵拉坐骨神经。

场地器材：空旷的场地，训练垫。

动作要领：坐姿，一条腿膝关节弯曲，用异侧手抓住前脚掌，然后尽量伸直膝关节，另一条腿自然伸直。如图 5－4－1、图 5－4－2 所示。

注意事项：不能同手同脚，不能只抓住脚掌内侧或脚后跟。

图 5－4－1

图 5－4－2

第五节 腰方肌、臀大肌拉伸

训练目的：牵拉腰方肌、臀大肌。

场地器材：空旷的场地，训练垫。

动作要领：坐姿，一条腿弯曲，脚掌放于伸直腿的膝关节处，用异侧手的肘部轻轻推拉弯曲腿的膝关节，使腰部和髋关节扭紧，让腰部肌肉和臀部肌肉有拉伸感。如图5－5－1、图5－5－2所示。

注意事项：被拉伸的肌肉群一定要放松，不能对抗。

图5－5－1

图5－5－2

第六节　腹部、肱三头肌拉伸

训练目的：牵拉腹部肌肉群和肱三头肌。

场地器材：空旷的场地。

动作要领：两人背对背站立，两腿分开约与髋同宽，脚跟相贴，双手伸直。两人掌心相对，虎口交叉握紧。辅助者上身向前屈，背起被拉伸者。保持姿势 10 秒钟，接着慢慢放下被拉伸者，回到起始姿势，两人互换位置。如图 5－6－1 所示。

注意事项：背起被拉伸者时，辅助者背部要挺直，弯曲至背部与地面平行为止。被拉伸者身体要放松，双脚自然垂放。

图 5－6－1

第七节　肩、背部拉伸

训练目的：牵拉肩、背部肌肉。

场地器材：空旷的场地。

动作要领：两人面对面分开约一臂距离。两腿分开，略比肩宽。双手相互放在对方的肩膀上，辅助者手臂在内，被拉伸者手臂在外。两人同时慢慢向后移动，同时将腿间距离慢慢拉开，同时上身向前屈，直到两人上身成一直线并与地面平行。如图 5－7－1所示。

注意事项：背部要挺直，膝盖不要弯曲，感觉肩膀得到伸展。

图 5－7－1

第八节 股四头肌、胫骨前肌、踝关节拉伸

训练目的：牵拉股四头肌、胫骨前肌、踝关节。

场地器材：空旷的场地，训练垫。

动作要领：跪姿，两脚、两膝分开，与肩同宽，脚背绷直。仰卧，背部慢慢接近训练垫，让大腿前侧、胫骨前肌有拉伸感。如图 5－8－1、图 5－8－2 所示。

注意事项：脚掌不要“外八”，膝关节不要离开地面。

图 5－8－1

图 5－8－2

第九节　腓肠肌、比目鱼肌拉伸

训练目的：牵拉腓肠肌、比目鱼肌。

场地器材：空旷的场地，训练垫。

动作要领：站姿，一只脚前伸，将膝关节伸直，两脚间距离约为 20 厘米。支撑腿膝关节微曲，上体前屈，两手尽量向前下方伸展，拉伸小腿后侧肌肉群。如图 5－9－1、图 5－9－2 所示。

注意事项：两脚前后左右分开的距离不能太大，上体前屈时要让腹部靠近大腿前侧。

图 5－9－1

图 5－9－2

第十节　三角肌拉伸

训练目的：牵拉三角肌。

场地器材：空旷的场地。

动作要领：右手伸直，左手将伸直的右手托起平举，向左拉伸。换手，重复上述动作。如图 5－10－1、图 5－10－2 所示。

注意事项：被拉伸一侧手臂的肘关节一定要伸直。

图 5－10－1

图 5－10－2

第十一节　肱三头肌拉伸

训练目的：牵拉肱三头肌。

场地器材：空旷的场地。

动作要领：用一只手抓住另外一只手的肘关节，轻拉使其越过头顶，直到被拉伸侧手的手掌触摸到后背。如图 5－11－1 所示。

注意事项：被拉伸侧手大小臂之间的夹角尽量缩小，使手掌触摸到后背。

图 5－11－1

第六章

日常训练计划

第一节　执勤队站月训练计划

消防救援人员每天开展训练的时间不少于60分钟，执勤队站月训练计划可安排如下。见表6－1－1。

表6－1－1

日期	第一周	第二周
周一	日常消防体能训练操（1～2组）	中长跑 选择1：斜坡跑（8～10组） 选择2：蹲踞式起跑（30米，3～4次×2～3组）
周二	中长跑 选择1：长距离慢跑（60分钟） 选择2：间歇跑（可选400米、800米、1200米）	日常消防体能训练操（1～2组）
周三	日常消防体能训练操（1～2组）	中长跑 选择1：后蹬跑（60米，3～4次×2～3组） 选择2：水带负重跑（60米，4～5次×2～3组）
周四	体能训练室训练 选择1：胸部 选择2：背部	日常消防体能训练操（1～2组）
周五	中长跑 选择1：台阶跑2组（每组20～30分钟） 选择2：场地变速跑2组（每组20分钟。200米快跑、100米慢跑，或400米快跑、200米慢跑）	体能训练室训练 选择1：肩部 选择2：腿部
周六	休息	休息
周日	休息	休息

（续表）

日期	第三周	第四周
周一	日常消防体能训练操（1～2组）	中长跑 选择1：斜坡跑（8～10组） 选择2：蹲踞式起跑（30米，3～4次×2～3组）
周二	中长跑 选择1：长距离慢跑（60分钟） 选择2：间歇跑（可选400米、800米、1200米）	日常消防体能训练操（1～2组）
周三	日常消防体能训练操（1～2组）	中长跑 选择1：后蹬跑（60米，3～4次×2～3组） 选择2：水带负重跑（60米，4～5次×2～3组）
周四	体能训练室训练 选择1：胸部 选择2：背部	日常消防体能训练操（1～2组）
周五	中长跑 选择1：台阶跑2组（每组20～30分钟） 选择2：场地变速跑2组（每组20分钟。200米快跑、100米慢跑，或400米快跑、200米慢跑）	体能训练室训练 选择1：肩部 选择2：腿部
周六	休息	休息
周日	休息	休息
备注：1. 每日开展体能训练的时间应不少于60分钟。 2. 可根据当天的天气情况和工作安排，自行选择训练时间。		

第二节　专项训练套餐

针对消防员个人体能素质的实际情况，执行科学的训练套餐，可让体能训练成果直接转化为战斗力。本节的《训练动作列表》中，每个训练动作均用字母或罗马序数标示；《消防技能训练套餐》中的每个套餐均由若干训练动作组成，并对组数和每组的动作数量做有标示，如“A 哑铃卧推　3 组 8 ～10”表示“A 动作（哑铃卧推）做 3 组，每组做 8 ～10 个”。请注意，如果刚接触一项新的、不熟悉的练习，请一定要缓缓进行，并且要将注意力放在自己的姿势上。要不断地回顾一下之前的个人练习，提醒自己不要忘记正确的练习步骤。所有只展示了单侧运动的练习也应该在身体另一侧重复进行，以使身体肌肉能够得到均衡锻炼。

一、训练动作列表

见表 6 –2 –1。

表 6 –2 –1

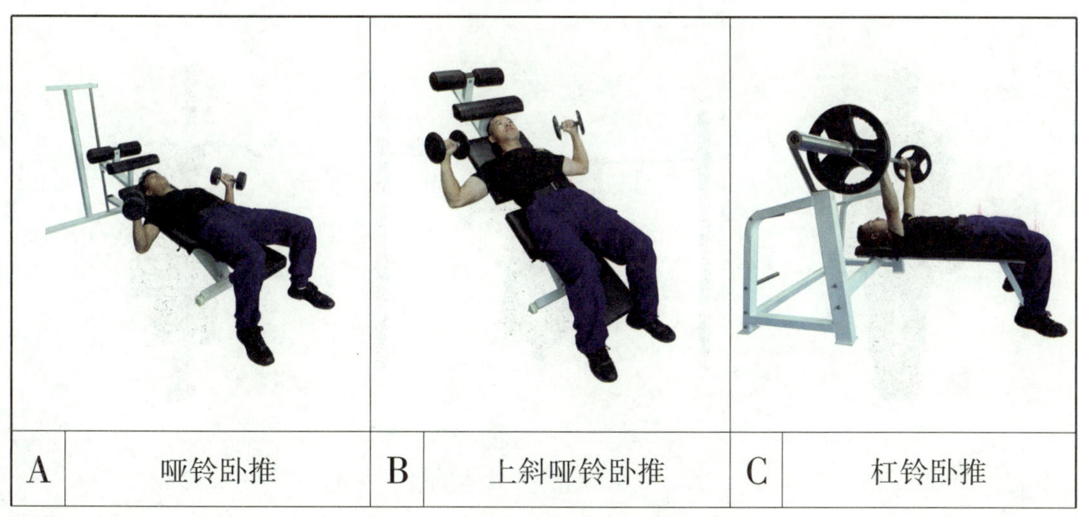

A	哑铃卧推	B	上斜哑铃卧推	C	杠铃卧推

（续表）

D	双杠屈臂支撑	E	上斜哑铃飞鸟	F	上斜杠铃推举
G	下斜杠铃推举	H	练习器夹胸	I	仰卧哑铃上拉
J	哑铃耸肩	K	宽握正手引体向上	L	窄握距下拉

（续表）

 M	宽握距下拉	 N	坐姿拉力器划船	 O	哑铃划船
 P	站姿哑铃侧平举	 Q	单臂哑铃侧平举	 R	单臂上斜哑铃侧举
 S	单臂哑铃前平举	 T	肩上推举杠铃	 X	变换握法推举哑铃

（续表）

Y	坐姿哑铃飞鸟	Z	颈后杠铃深蹲	I	颈前杠铃深蹲
II	颈后杠铃站姿提踵	III	颈后杠铃弓步蹲	IV	练习器腿外展
V	俯卧腿弯举	VI	单腿哑铃站姿提踵	—	

二、消防技能训练套餐

见表6－2－2至表6－2－13。

表6－2－2

内攻近战			
		消防员灭火时做蹲射姿势要克服高速水流所产生的后坐力，这就要求消防员要有强有力的腿部肌肉和臂部肌肉，尤其是股二头肌、股四头肌和负责双腿弯曲的腘绳肌。在改变射水方向时，还需要用到斜方肌来移动肩膀	
第一天			
V俯卧腿弯举	3组8～12	Ⅰ颈前杠铃深蹲	3组8～10
G下斜杠铃推举	3组8～13	A哑铃卧推	3组10～20
N坐姿拉力器划船	3组8～15	Ⅲ颈后杠铃弓步蹲	3组8～10
第二天			
休息			
第三天			
V俯卧腿弯举	3组8～12	Ⅰ颈前杠铃深蹲	3组8～10
G下斜杠铃推举	3组8～13	A哑铃卧推	3组10～20
N坐姿拉力器划船	3组8～15	Ⅲ颈后杠铃弓步蹲	3组8～10
第四天			
休息			
第五天			
V俯卧腿弯举	3组8～12	Ⅰ颈前杠铃深蹲	3组8～10
G下斜杠铃推举	3组8～13	A哑铃卧推	3组10～20
N坐姿拉力器划船	3组8～15	Ⅲ颈后杠铃弓步蹲	3组8～10
第六天			
有氧运动	30～45分钟		
第七天			
休息			

表6－2－3

<table>
<tr><th colspan="4">立射</th></tr>
<tr><td colspan="2"></td><td colspan="2">立射的难度比蹲射还高，消防员除了需要有良好的腿力、臂力外，还需要有良好的腰部力量，因此需要在蹲射的基础上加强练习</td></tr>
<tr><td colspan="4">第一天</td></tr>
<tr><td>V俯卧腿弯举</td><td>3组8～12</td><td>Ⅰ颈前杠铃深蹲</td><td>3组8～10</td></tr>
<tr><td>G下斜杠铃推举</td><td>3组10～15</td><td>A哑铃卧推</td><td>3组8～10</td></tr>
<tr><td>N坐姿拉力器划船</td><td>3组14～16</td><td>Ⅲ颈后杠铃弓步蹲</td><td>3组12～10</td></tr>
<tr><td>R单臂上斜哑铃侧举</td><td>3组8～15</td><td colspan="2">—</td></tr>
<tr><td colspan="4">第二天</td></tr>
<tr><td colspan="4">休息</td></tr>
<tr><td colspan="4">第三天</td></tr>
<tr><td>V俯卧腿弯举</td><td>3组8～12</td><td>Ⅰ颈前杠铃深蹲</td><td>3组8～10</td></tr>
<tr><td>G下斜杠铃推举</td><td>3组10～15</td><td>A哑铃卧推</td><td>3组8～10</td></tr>
<tr><td>N坐姿拉力器划船</td><td>3组14～16</td><td>Ⅲ颈后杠铃弓步蹲</td><td>3组12～10</td></tr>
<tr><td>R单臂上斜哑铃侧举</td><td>3组8～15</td><td colspan="2">—</td></tr>
<tr><td colspan="4">第四天</td></tr>
<tr><td colspan="4">休息</td></tr>
<tr><td colspan="4">第五天</td></tr>
<tr><td>V俯卧腿弯举</td><td>3组8～12</td><td>Ⅰ颈前杠铃深蹲</td><td>3组8～10</td></tr>
<tr><td>G下斜杠铃推举</td><td>3组10～15</td><td>A哑铃卧推</td><td>3组8～10</td></tr>
<tr><td>N坐姿拉力器划船</td><td>3组14～16</td><td>Ⅲ颈后杠铃弓步蹲</td><td>3组12～10</td></tr>
<tr><td>R单臂上斜哑铃侧举</td><td>3组8～15</td><td colspan="2">—</td></tr>
<tr><td colspan="4">第六天</td></tr>
<tr><td colspan="4">有氧运动　30～45分钟</td></tr>
<tr><td colspan="4">第七天</td></tr>
<tr><td colspan="4">休息</td></tr>
</table>

表 6－2－4

负重登高			
	消防员在负重登楼灭火时，特别是高层灭火时，要求消防员拥有强大的臂力、腿部力量和腰部力量		
第一天			
S 单臂哑铃前平举	3 组 8～10	Z 颈后杠铃深蹲	3 组 12～16
Ⅰ颈前杠铃深蹲	3 组 8～10	Ⅱ颈后杠铃站姿提踵	3 组 8～10
Ⅲ颈后杠铃弓步蹲	3 组 12～16	Ⅴ俯卧腿弯举	3 组 8～10
Ⅵ单腿哑铃站姿提踵	3 组 8～10	H 练习器夹胸	3 组 12～16
K 宽握正手引体向上	3 组 8～10	—	
第二天			
休息			
第三天			
S 单臂哑铃前平举	3 组 8～10	Z 颈后杠铃深蹲	3 组 12～16
Ⅰ颈前杠铃深蹲	3 组 8～10	Ⅱ颈后杠铃站姿提踵	3 组 8～10
Ⅲ颈后杠铃弓步蹲	3 组 12～16	Ⅴ俯卧腿弯举	3 组 8～10
Ⅵ单腿哑铃站姿提踵	3 组 8～10	H 练习器夹胸	3 组 12～16
K 宽握正手引体向上	3 组 8～10	—	
第四天			
休息			
第五天			
S 单臂哑铃前平举	3 组 8～10	Z 颈后杠铃深蹲	3 组 12～16
Ⅰ颈前杠铃深蹲	3 组 8～10	Ⅱ颈后杠铃站姿提踵	3 组 8～10
Ⅲ颈后杠铃弓步蹲	3 组 12～16	Ⅴ俯卧腿弯举	3 组 8～10
Ⅵ单腿哑铃站姿提踵	3 组 8～10	H 练习器夹胸	3 组 12～16
K 宽握正手引体向上	3 组 8～10	—	
第六天			
有氧运动　30～40 分钟			
第七天			
休息			

表 6－2－5

<table>
<tr><th colspan="4">转移阵地</th></tr>
<tr><td colspan="2"></td><td colspan="2">在灭火的过程中，消防员经常需要转移阵地，此时，既要克服水枪的后坐力，又要承受水带本身的重力和拖动时产生的摩擦力。特别是拖动较长的水带时，要求消防员有强大的腿部力量</td></tr>
<tr><th colspan="4">第一天</th></tr>
<tr><td>S 单臂哑铃前平举</td><td>3 组 8～10</td><td>Z 颈后杠铃深蹲</td><td>3 组 8～10</td></tr>
<tr><td>Ⅰ颈前杠铃深蹲</td><td>3 组 12～16</td><td>Ⅱ颈后杠铃站姿提踵</td><td>3 组 8～10</td></tr>
<tr><td>Ⅲ颈后杠铃弓步蹲</td><td>3 组 8～10</td><td>Ⅵ单腿哑铃站姿提踵</td><td>3 组 12～16</td></tr>
<tr><td>H 练习器夹胸</td><td>3 组 8～10</td><td>K 宽握正手引体向上</td><td>3 组 12～16</td></tr>
<tr><td>R 单臂上斜哑铃侧举</td><td>3 组 12～16</td><td colspan="2">—</td></tr>
<tr><th colspan="4">第二天</th></tr>
<tr><td colspan="4">休息</td></tr>
<tr><th colspan="4">第三天</th></tr>
<tr><td>S 单臂哑铃前平举</td><td>3 组 8～10</td><td>Z 颈后杠铃深蹲</td><td>3 组 8～10</td></tr>
<tr><td>Ⅰ颈前杠铃深蹲</td><td>3 组 12～16</td><td>Ⅱ颈后杠铃站姿提踵</td><td>3 组 8～10</td></tr>
<tr><td>Ⅲ颈后杠铃弓步蹲</td><td>3 组 8～10</td><td>Ⅵ单腿哑铃站姿提踵</td><td>3 组 12～16</td></tr>
<tr><td>H 练习器夹胸</td><td>3 组 8～10</td><td>K 宽握正手引体向上</td><td>3 组 12～16</td></tr>
<tr><td>R 单臂上斜哑铃侧举</td><td>3 组 12～16</td><td colspan="2">—</td></tr>
<tr><th colspan="4">第四天</th></tr>
<tr><td colspan="4">休息</td></tr>
<tr><th colspan="4">第五天</th></tr>
<tr><td>S 单臂哑铃前平举</td><td>3 组 8～10</td><td>Z 颈后杠铃深蹲</td><td>3 组 8～10</td></tr>
<tr><td>Ⅰ颈前杠铃深蹲</td><td>3 组 12～16</td><td>Ⅱ颈后杠铃站姿提踵</td><td>3 组 8～10</td></tr>
<tr><td>Ⅲ颈后杠铃弓步蹲</td><td>3 组 8～10</td><td>Ⅵ单腿哑铃站姿提踵</td><td>3 组 12～16</td></tr>
<tr><td>H 练习器夹胸</td><td>3 组 8～10</td><td>K 宽握正手引体向上</td><td>3 组 12～16</td></tr>
<tr><td>R 单臂上斜哑铃侧举</td><td>3 组 12～16</td><td colspan="2">—</td></tr>
<tr><th colspan="4">第六天</th></tr>
<tr><td colspan="4">有氧运动　30～40 分钟</td></tr>
<tr><th colspan="4">第七天</th></tr>
<tr><td colspan="4">休息</td></tr>
</table>

表 6－2－6

抢救人员			
	消防员从火场中抢救出人员时，不论是采用抬式还是抱式，都要求消防员有良好的臂力、腕力和腰力。这就要加强肱二头肌、肱三头肌、小臂掌长肌和肱桡肌的练习		
第一天			
C 杠铃卧推	3 组 12～16	R 单臂上斜哑铃侧举	3 组 8～10
Y 坐姿哑铃飞鸟	3 组 12～16	I 颈前杠铃深蹲	3 组 12～16
Q 单臂哑铃侧平举	3 组 8～10	E 上斜哑铃飞鸟	3 组 12～16
第二天			
休息			
第三天			
C 杠铃卧推	3 组 12～16	R 单臂上斜哑铃侧举	3 组 8～10
Y 坐姿哑铃飞鸟	3 组 12～16	I 颈前杠铃深蹲	3 组 12～16
Q 单臂哑铃侧平举	3 组 8～10	E 上斜哑铃飞鸟	3 组 12～16
第四天			
休息			
第五天			
C 杠铃卧推	3 组 12～16	R 单臂上斜哑铃侧举	3 组 8～10
Y 坐姿哑铃飞鸟	3 组 12～16	I 颈前杠铃深蹲	3 组 12～16
Q 单臂哑铃侧平举	3 组 8～10	E 上斜哑铃飞鸟	3 组 12～16
C 杠铃卧推	3 组 12～16	—	
第六天			
有氧运动　30～40 分钟			
第七天			
休息			

表 6－2－7

<table>
<tr><th colspan="4">紧急撤离</th></tr>
<tr><td colspan="2"></td><td colspan="2">消防员在灭火时，一旦有危险状况发生，需要紧急撤离到安全的地方避险。这就要求消防员要和百米运动员一样，有快速的反应能力和爆发力。这就需要有强有力的大腿肌肉和小腿肌肉，应重点加强股二头肌、股四头肌和腓肠肌的练习</td></tr>
<tr><th colspan="4">第一天</th></tr>
<tr><td>O 哑铃划船</td><td>3 组 8～17</td><td>P 站姿哑铃侧平举</td><td>3 组 8～10</td></tr>
<tr><td>S 单臂哑铃前平举</td><td>3 组 8～20</td><td>Z 颈后杠铃深蹲</td><td>3 组 8～10</td></tr>
<tr><td>Ⅰ颈前杠铃深蹲</td><td>3 组 8～15</td><td>Ⅱ颈后杠铃站姿提踵</td><td>3 组 8～10</td></tr>
<tr><td>Ⅲ颈后杠铃弓步蹲</td><td>3 组 8～20</td><td>Ⅴ俯卧腿弯举</td><td>3 组 8～10</td></tr>
<tr><td>Ⅵ单腿哑铃站姿提踵</td><td>3 组 8～12</td><td colspan="2">—</td></tr>
<tr><th colspan="4">第二天</th></tr>
<tr><td colspan="4">有氧运动　30～45 分钟</td></tr>
<tr><th colspan="4">第三天</th></tr>
<tr><td>O 哑铃划船</td><td>3 组 8～17</td><td>P 站姿哑铃侧平举</td><td>3 组 8～10</td></tr>
<tr><td>S 单臂哑铃前平举</td><td>3 组 8～20</td><td>Z 颈后杠铃深蹲</td><td>3 组 8～10</td></tr>
<tr><td>Ⅰ颈前杠铃深蹲</td><td>3 组 8～15</td><td>Ⅱ颈后杠铃站姿提踵</td><td>3 组 8～10</td></tr>
<tr><td>Ⅲ颈后杠铃弓步蹲</td><td>3 组 8～20</td><td>Ⅴ俯卧腿弯举</td><td>3 组 8～10</td></tr>
<tr><td>Ⅵ单腿哑铃站姿提踵</td><td>3 组 8～12</td><td colspan="2">—</td></tr>
<tr><th colspan="4">第四天</th></tr>
<tr><td colspan="4">休息</td></tr>
<tr><th colspan="4">第五天</th></tr>
<tr><td>O 哑铃划船</td><td>3 组 8～17</td><td>P 站姿哑铃侧平举</td><td>3 组 8～10</td></tr>
<tr><td>S 单臂哑铃前平举</td><td>3 组 8～20</td><td>Z 颈后杠铃深蹲</td><td>3 组 8～10</td></tr>
<tr><td>Ⅰ颈前杠铃深蹲</td><td>3 组 8～15</td><td>Ⅱ颈后杠铃站姿提踵</td><td>3 组 8～10</td></tr>
<tr><td>Ⅲ颈后杠铃弓步蹲</td><td>3 组 8～20</td><td>Ⅴ俯卧腿弯举</td><td>3 组 8～10</td></tr>
<tr><td>Ⅵ单腿哑铃站姿提踵</td><td>3 组 8～12</td><td colspan="2">—</td></tr>
<tr><th colspan="4">第六天</th></tr>
<tr><td colspan="4">有氧运动　30～45 分钟</td></tr>
<tr><th colspan="4">第七天</th></tr>
<tr><td colspan="4">休息</td></tr>
</table>

表 6－2－8

<table>
<tr><th colspan="4">狭小空间内搜救</th></tr>
<tr><td colspan="2"></td><td colspan="2">狭小空间内的救援任务通常由个子小、力气大、心理素质好的消防员来承担，要求实施救援的消防员有很好的身体素质。针对这一特殊环境下的救援，需要对消防员的臂力、腰力、腿力进行全面、综合的训练，重点加强三角肌、腰方肌、肱二头肌的练习</td></tr>
<tr><th colspan="4">第一天</th></tr>
<tr><td>S 单臂哑铃前平举</td><td>3 组 10～12</td><td>Z 颈后杠铃深蹲</td><td>3 组 10～14</td></tr>
<tr><td>I 颈前杠铃深蹲</td><td>3 组 8～10</td><td>Q 单臂哑铃侧平举</td><td>3 组 12～16</td></tr>
<tr><td>C 杠铃卧推</td><td>3 组 10～20</td><td>E 上斜哑铃飞鸟</td><td>3 组 10～20</td></tr>
<tr><th colspan="4">第二天</th></tr>
<tr><td colspan="4">休息</td></tr>
<tr><th colspan="4">第三天</th></tr>
<tr><td>S 单臂哑铃前平举</td><td>3 组 10～12</td><td>Z 颈后杠铃深蹲</td><td>3 组 10～14</td></tr>
<tr><td>I 颈前杠铃深蹲</td><td>3 组 8～10</td><td>Q 单臂哑铃侧平举</td><td>3 组 12～16</td></tr>
<tr><td>C 杠铃卧推</td><td>3 组 10～20</td><td>E 上斜哑铃飞鸟</td><td>3 组 10～20</td></tr>
<tr><th colspan="4">第四天</th></tr>
<tr><td colspan="4">休息</td></tr>
<tr><th colspan="4">第五天</th></tr>
<tr><td>S 单臂哑铃前平举</td><td>3 组 10～12</td><td>Z 颈后杠铃深蹲</td><td>3 组 10～14</td></tr>
<tr><td>I 颈前杠铃深蹲</td><td>3 组 8～10</td><td>Q 单臂哑铃侧平举</td><td>3 组 12～16</td></tr>
<tr><td>C 杠铃卧推</td><td>3 组 10～20</td><td>E 上斜哑铃飞鸟</td><td>3 组 10～20</td></tr>
<tr><th colspan="4">第六天</th></tr>
<tr><td colspan="4">有氧运动　　30～40 分钟</td></tr>
<tr><th colspan="4">第七天</th></tr>
<tr><td colspan="4">休息</td></tr>
</table>

表 6－2－9

<table>
<tr><th colspan="4">垂直攀爬</th></tr>
<tr><td colspan="2"></td><td colspan="2">在执行山岳救助或执行爬楼内攻救人任务时，需要消防员有很好的垂直攀爬能力。这要求消防员具有很好的小腿力量和腰力、臂力、手指抓力，需加强背部肌肉、股二头肌、腓肠肌、指伸肌、小指伸肌、肱二头肌的训练</td></tr>
<tr><th colspan="4">第一天</th></tr>
<tr><td>S 单臂哑铃前平举</td><td>3 组 12～16</td><td>Z 颈后杠铃深蹲</td><td>3 组 8～10</td></tr>
<tr><td>Ⅰ颈前杠铃深蹲</td><td>3 组 8～10</td><td>Ⅱ颈后杠铃站姿提踵</td><td>3 组 10～15</td></tr>
<tr><td>Ⅲ颈后杠铃弓步蹲</td><td>3 组 8～10</td><td>Ⅴ俯卧腿弯举</td><td>3 组 12～16</td></tr>
<tr><td>Ⅵ单腿哑铃站姿提踵</td><td>3 组 8～10</td><td>H 练习器夹胸</td><td>3 组 8～10</td></tr>
<tr><th colspan="4">第二天</th></tr>
<tr><td colspan="4">休息</td></tr>
<tr><th colspan="4">第三天</th></tr>
<tr><td>S 单臂哑铃前平举</td><td>3 组 12～16</td><td>Z 颈后杠铃深蹲</td><td>3 组 8～10</td></tr>
<tr><td>Ⅰ颈前杠铃深蹲</td><td>3 组 8～10</td><td>Ⅱ颈后杠铃站姿提踵</td><td>3 组 10～15</td></tr>
<tr><td>Ⅲ颈后杠铃弓步蹲</td><td>3 组 8～10</td><td>Ⅴ俯卧腿弯举</td><td>3 组 12～16</td></tr>
<tr><td>Ⅵ单腿哑铃站姿提踵</td><td>3 组 8～10</td><td>H 练习器夹胸</td><td>3 组 8～10</td></tr>
<tr><th colspan="4">第四天</th></tr>
<tr><td colspan="4">休息</td></tr>
<tr><th colspan="4">第五天</th></tr>
<tr><td>S 单臂哑铃前平举</td><td>3 组 12～16</td><td>Z 颈后杠铃深蹲</td><td>3 组 8～10</td></tr>
<tr><td>Ⅰ颈前杠铃深蹲</td><td>3 组 8～10</td><td>Ⅱ颈后杠铃站姿提踵</td><td>3 组 10～15</td></tr>
<tr><td>Ⅲ颈后杠铃弓步蹲</td><td>3 组 8～10</td><td>Ⅴ俯卧腿弯举</td><td>3 组 12～16</td></tr>
<tr><td>Ⅵ单腿哑铃站姿提踵</td><td>3 组 8～10</td><td>H 练习器夹胸</td><td>3 组 8～10</td></tr>
<tr><th colspan="4">第六天</th></tr>
<tr><td colspan="4">有氧运动　　30～40 分钟</td></tr>
<tr><th colspan="4">第七天</th></tr>
<tr><td colspan="4">休息</td></tr>
</table>

表 6－2－10

<table>
<tr><th colspan="4">翻越障碍</th></tr>
<tr><td colspan="2"></td><td colspan="2">消防员要翻越障碍，需要有很好的弹跳力和臂力。这就要重点加强腓肠肌、腓骨长肌、股四头肌的锻炼</td></tr>
<tr><th colspan="4">第一天</th></tr>
<tr><td>S 单臂哑铃前平举</td><td>3 组 12～18</td><td>Z 颈后杠铃深蹲</td><td>3 组 8～10</td></tr>
<tr><td>Ⅰ颈前杠铃深蹲</td><td>3 组 8～10</td><td>Ⅱ颈后杠铃站姿提踵</td><td>3 组 16～20</td></tr>
<tr><td>Ⅲ颈后杠铃弓步蹲</td><td>3 组 8～10</td><td>D 双杠屈臂支撑</td><td>3 组 8～12</td></tr>
<tr><th colspan="4">第二天</th></tr>
<tr><td colspan="4">休息</td></tr>
<tr><th colspan="4">第三天</th></tr>
<tr><td>S 单臂哑铃前平举</td><td>3 组 12～18</td><td>Z 颈后杠铃深蹲</td><td>3 组 8～10</td></tr>
<tr><td>Ⅰ颈前杠铃深蹲</td><td>3 组 8～10</td><td>Ⅱ颈后杠铃站姿提踵</td><td>3 组 16～20</td></tr>
<tr><td>Ⅲ颈后杠铃弓步蹲</td><td>3 组 8～10</td><td>D 双杠屈臂支撑</td><td>3 组 8～12</td></tr>
<tr><th colspan="4">第四天</th></tr>
<tr><td colspan="4">休息</td></tr>
<tr><th colspan="4">第五天</th></tr>
<tr><td>S 单臂哑铃前平举</td><td>3 组 12～18</td><td>Z 颈后杠铃深蹲</td><td>3 组 8～10</td></tr>
<tr><td>Ⅰ颈前杠铃深蹲</td><td>3 组 8～10</td><td>Ⅱ颈后杠铃站姿提踵</td><td>3 组 16～20</td></tr>
<tr><td>Ⅲ颈后杠铃弓步蹲</td><td>3 组 8～10</td><td>D 双杠屈臂支撑</td><td>3 组 8～12</td></tr>
<tr><th colspan="4">第六天</th></tr>
<tr><td colspan="4">有氧运动　30～40 分钟</td></tr>
<tr><th colspan="4">第七天</th></tr>
<tr><td colspan="4">休息</td></tr>
</table>

表 6－2－11

<table>
<tr><th colspan="4">攀爬横渡</th></tr>
<tr><td colspan="2"></td><td colspan="2">消防员在水域进行救援时经常会用到横渡的方法。这要求消防员有良好的臂力和身体协调性，要重点加强三角肌、背阔肌和肌四头肌的锻炼</td></tr>
<tr><th colspan="4">第一天</th></tr>
<tr><td>K 宽握正手引体向上</td><td>3 组 8～14</td><td>L 窄握距下拉</td><td>3 组 8～10</td></tr>
<tr><td>N 坐姿拉力器划船</td><td>3 组 8～16</td><td>R 单臂上斜哑铃侧举</td><td>3 组 10～18</td></tr>
<tr><td>Ⅴ俯卧腿弯举</td><td>3 组 10～18</td><td>Ⅵ单腿哑铃站姿提踵</td><td>3 组 12～20</td></tr>
<tr><th colspan="4">第二天</th></tr>
<tr><td colspan="4">休息</td></tr>
<tr><th colspan="4">第三天</th></tr>
<tr><td>K 宽握正手引体向上</td><td>3 组 8～14</td><td>L 窄握距下拉</td><td>3 组 8～10</td></tr>
<tr><td>N 坐姿拉力器划船</td><td>3 组 8～16</td><td>R 单臂上斜哑铃侧举</td><td>3 组 10～18</td></tr>
<tr><td>Ⅴ俯卧腿弯举</td><td>3 组 10～18</td><td>Ⅵ单腿哑铃站姿提踵</td><td>3 组 12～20</td></tr>
<tr><th colspan="4">第四天</th></tr>
<tr><td colspan="4">休息</td></tr>
<tr><th colspan="4">第五天</th></tr>
<tr><td>K 宽握正手引体向上</td><td>3 组 8～14</td><td>L 窄握距下拉</td><td>3 组 8～10</td></tr>
<tr><td>N 坐姿拉力器划船</td><td>3 组 8～16</td><td>R 单臂上斜哑铃侧举</td><td>3 组 10～18</td></tr>
<tr><td>Ⅴ俯卧腿弯举</td><td>3 组 10～18</td><td>Ⅵ单腿哑铃站姿提踵</td><td>3 组 12～20</td></tr>
<tr><th colspan="4">第六天</th></tr>
<tr><td colspan="4">有氧运动　30～40 分钟</td></tr>
<tr><th colspan="4">第七天</th></tr>
<tr><td colspan="4">休息</td></tr>
</table>

表 6 - 2 - 12

绳索攀爬			
	消防员在进行绳索攀爬时，需要有强大的臂力，这就要重点加强尺侧腕屈肌、桡侧腕屈肌、背阔肌的锻炼		
第一天			
K 宽握正手引体向上	3 组 8 ~ 16	L 窄握距下拉	3 组 8 ~ 12
N 坐姿拉力器划船	3 组 8 ~ 12	R 单臂上斜哑铃侧举	3 组 8 ~ 14
V 俯卧腿弯举	3 组 8 ~ 10	Ⅵ单腿哑铃站姿提踵	3 组 10 ~ 12
第二天			
休息			
第三天			
K 宽握正手引体向上	3 组 8 ~ 16	L 窄握距下拉	3 组 8 ~ 12
N 坐姿拉力器划船	3 组 8 ~ 12	R 单臂上斜哑铃侧举	3 组 8 ~ 14
V 俯卧腿弯举	3 组 8 ~ 10	Ⅵ单腿哑铃站姿提踵	3 组 10 ~ 12
第四天			
休息			
第五天			
K 宽握正手引体向上	3 组 8 ~ 16	L 窄握距下拉	3 组 8 ~ 12
N 坐姿拉力器划船	3 组 8 ~ 12	R 单臂上斜哑铃侧举	3 组 8 ~ 14
V 俯卧腿弯举	3 组 8 ~ 10	Ⅵ单腿哑铃站姿提踵	3 组 10 ~ 12
第六天			
有氧运动　30 ~ 40 分钟			
第七天			
休息			

表 6 - 2 - 13

破拆救人			
		消防员在破拆救人时，稍有不慎就可能对被救者造成二次伤害，因此消防员要有好的臂力和定力。这就要加强尺侧腕屈肌、桡侧腕屈肌、三角肌的锻炼	
第一天			
A 哑铃卧推	3 组 8 ~ 10	B 上斜哑铃卧推	3 组 8 ~ 10
C 杠铃卧推	3 组 12 ~ 20	J 哑铃耸肩	3 组 14 ~ 16
P 站姿哑铃侧平举	3 组 8 ~ 10	Q 单臂哑铃侧平举	3 组 10 ~ 15
第二天			
休息			
第三天			
A 哑铃卧推	3 组 8 ~ 10	B 上斜哑铃卧推	3 组 8 ~ 10
C 杠铃卧推	3 组 12 ~ 20	J 哑铃耸肩	3 组 14 ~ 16
P 站姿哑铃侧平举	3 组 8 ~ 10	Q 单臂哑铃侧平举	3 组 10 ~ 15
第四天			
休息			
第五天			
A 哑铃卧推	3 组 8 ~ 10	B 上斜哑铃卧推	3 组 8 ~ 10
C 杠铃卧推	3 组 12 ~ 20	J 哑铃耸肩	3 组 14 ~ 16
P 站姿哑铃侧平举	3 组 8 ~ 10	Q 单臂哑铃侧平举	3 组 10 ~ 15
第六天			
有氧运动　30 ~ 40 分钟			
第七天			
休息			

三、上肢力量提升训练套餐

见表6-2-14、表6-2-15。

表6-2-14

单杠引体向上			
	引体向上主要锻炼背部肌肉群和手臂肌肉群，包括背阔肌、斜方肌、三角肌后束、肱二头肌和大小圆肌，可提高消防员的攀爬能力		
第一天			
K宽握正手引体向上	3组8~16	L窄握距下拉	3组8~12
M宽握距下拉	3组8~12	Q单臂哑铃侧平举	3组8~14
O哑铃划船	3组8~10	F上斜杠铃推举	3组10~12
第二天			
休息			
第三天			
K宽握正手引体向上	3组8~16	Q单臂哑铃侧平举	3组8~14
L窄握距下拉	3组8~12	O哑铃划船	3组8~10
M宽握距下拉	3组8~12	F上斜杠铃推举	3组10~12
第四天			
休息			
第五天			
K宽握正手引体向上	3组8~16	L窄握距下拉	3组8~12
M宽握距下拉	3组8~12	Q单臂哑铃侧平举	3组8~14
O哑铃划船	3组8~10	F上斜杠铃推举	3组10~12
第六天			
有氧运动　30~40分钟			
第七天			
休息			

表 6-2-15

双杠臂屈伸			
		双杠臂屈伸以锻炼胸肌、肱三头肌和三角肌前束为主，兼练背阔肌、斜方肌等	
第一天			
A 哑铃卧推	3 组 8～10	C 杠铃卧推	3 组 8～10
D 双杠屈臂支撑	3 组 12～20	E 上斜哑铃飞鸟	3 组 14～16
H 练习器夹胸	3 组 8～10	P 站姿哑铃侧平举	3 组 10～15
第二天			
休息			
第三天			
A 哑铃卧推	3 组 8～10	C 杠铃卧推	3 组 8～10
D 双杠屈臂支撑	3 组 12～20	E 上斜哑铃飞鸟	3 组 14～16
H 练习器夹胸	3 组 8～10	P 站姿哑铃侧平举	3 组 10～15
第四天			
休息			
第五天			
A 哑铃卧推	3 组 8～10	C 杠铃卧推	3 组 8～10
D 双杠屈臂支撑	3 组 12～20	E 上斜哑铃飞鸟	3 组 14～16
H 练习器夹胸	3 组 8～10	P 站姿哑铃侧平举	3 组 10～15
第六天			
有氧运动　30～40 分钟			
第七天			
休息			

四、中长跑提升训练套餐

见表6-2-16、表6-2-17。

表6-2-16

<table>
<tr><th colspan="3">初期训练</th></tr>
<tr><td colspan="3"> 中长跑提升训练以间歇跑练习为主，它能有效提高消防员的耐力。间歇跑是跑与歇息交替进行的跑步方式，跑时的强度和速度比普通的连续跑更大、更快，歇息时保持走或慢跑而不完全停止下来</td></tr>
<tr><td rowspan="12">第一周</td><td rowspan="2">周一</td><td>上午：日常体能训练操（1组）</td></tr>
<tr><td>下午：长距离慢跑（舒适、不停歇的慢跑，由30分钟开始，每次增加5分钟，最长时间可达2小时）</td></tr>
<tr><td rowspan="2">周二</td><td>上午：日常体能训练操（1组）</td></tr>
<tr><td>下午：间歇跑（训练距离400~2000米，间歇时间2~5分钟，组数4~10组）</td></tr>
<tr><td rowspan="2">周三</td><td>上午：日常体能训练操（1组）</td></tr>
<tr><td>下午：自行安排实操训练</td></tr>
<tr><td rowspan="2">周四</td><td>上午：日常体能训练操（1组）</td></tr>
<tr><td>下午：场地变速跑（20分钟，200米快跑+100米慢跑）</td></tr>
<tr><td rowspan="2">周五</td><td>上午：日常体能训练操（1组）</td></tr>
<tr><td>下午：后蹬跑（60米，3~4次×2~3组）</td></tr>
<tr><td>周六</td><td>原地休息</td></tr>
<tr><td>周日</td><td>原地休息</td></tr>
<tr><td rowspan="12">第二周</td><td rowspan="2">周一</td><td>上午：日常体能训练操（1组）</td></tr>
<tr><td>下午：长距离慢跑（舒适、不停歇的慢跑，由30分钟开始，每次增加5分钟，最长时间可达2小时）</td></tr>
<tr><td rowspan="2">周二</td><td>上午：日常体能训练操（1组）</td></tr>
<tr><td>下午：间歇跑（训练距离400~2000米，间歇时间2~5分钟，组数4~10组）</td></tr>
<tr><td rowspan="2">周三</td><td>上午：日常体能训练操（1组）</td></tr>
<tr><td>下午：自行安排实操训练</td></tr>
<tr><td rowspan="2">周四</td><td>上午：日常体能训练操（1组）</td></tr>
<tr><td>下午：台阶跑（20~30分钟）</td></tr>
<tr><td rowspan="2">周五</td><td>上午：日常体能训练操（1组）</td></tr>
<tr><td>下午：短距离变速跑（100~150米，30米快跑+20米惯性跑+30米快跑+20米惯性跑，3次×2~3组）</td></tr>
<tr><td>周六</td><td>原地休息</td></tr>
<tr><td>周日</td><td>原地休息</td></tr>
</table>

表 6－2－17

<table>
<tr><th colspan="3">强化训练</th></tr>
<tr><td colspan="2"></td><td>在适应间歇跑后，可逐步增加训练量或减少歇息时间，提升跑步能力</td></tr>
<tr><td rowspan="12">第一周</td><td rowspan="2">周一</td><td>上午：日常体能训练操（2 组）</td></tr>
<tr><td>下午：长距离慢跑（舒适、不停歇的慢跑，由 30 分钟开始，每次增加 5 分钟，最长时间可达 2 小时）</td></tr>
<tr><td rowspan="2">周二</td><td>上午：日常体能训练操（2 组）</td></tr>
<tr><td>下午：间歇跑（训练距离 400～2000 米，间歇时间 2～5 分钟，组数 4～10 组）</td></tr>
<tr><td rowspan="2">周三</td><td>上午：日常体能训练操（2 组）</td></tr>
<tr><td>下午：自行安排实操训练</td></tr>
<tr><td rowspan="2">周四</td><td>上午：日常体能训练操（2 组）</td></tr>
<tr><td>下午：斜坡跑（8～10 组）</td></tr>
<tr><td rowspan="2">周五</td><td>上午：日常体能训练操（2 组）</td></tr>
<tr><td>下午：水带负重跑（60 米，4～5 次×2～3 组）</td></tr>
<tr><td>周六</td><td>原地休息</td></tr>
<tr><td>周日</td><td>原地休息</td></tr>
<tr><td rowspan="12">第二周</td><td rowspan="2">周一</td><td>上午：日常体能训练操（2 组）</td></tr>
<tr><td>下午：测试 3000 米</td></tr>
<tr><td rowspan="2">周二</td><td>上午：日常体能训练操（2 组）</td></tr>
<tr><td>下午：间歇跑（训练距离 400～2000 米，间歇时间 2～5 分钟，组数 4～10 组，减量上强度）</td></tr>
<tr><td rowspan="2">周三</td><td>上午：日常体能训练操（2 组）</td></tr>
<tr><td>下午：自行安排实操训练</td></tr>
<tr><td rowspan="2">周四</td><td>上午：日常体能训练操（2 组）</td></tr>
<tr><td>下午：场地变速跑（20 分钟，200 米快跑＋100 米慢跑，减量上强度）</td></tr>
<tr><td rowspan="2">周五</td><td>上午：日常体能训练操（2 组）</td></tr>
<tr><td>下午：休息</td></tr>
<tr><td>周六</td><td>原地休息</td></tr>
<tr><td>周日</td><td>原地休息</td></tr>
</table>

第七章

体能训练常见伤病与处理

第一节　胫骨和腓骨剧痛症

在体能训练中，胫骨和腓骨剧痛症属于常见病，它的发作通常经历四个阶段：第一阶段，在训练后感觉到胫骨和腓骨有轻微的不舒服，但在休息时感觉不到；第二阶段，随着训练量的增加，患者的痛感也变得明显，经常在训练中感觉到疼痛，虽然还能忍受，但是如果不及时治疗，就会发展到第三阶段；第三阶段，患者会感觉到胫骨和腓骨疼痛难忍，无法进行正常训练；第四阶段，患者除了能走路之外，无法进行任何下肢活动，胫骨和腓骨剧痛。

消防员出现胫骨和腓骨剧痛时，不要急着下结论，首先要诊断是患上了这种病症还是由于胫骨周围的肌肉损伤或拉伤所致。可以采用压痛点的方法来查找原因：如果用手指沿着胫骨前沿和后沿或腓骨侧沿进行按摩时，能够摸到骨面有骨质增生所产生的波折状皱面，同时有剧痛感，那么说明消防员患上了胫骨和腓骨剧痛症。如图 7－1－1 所示。

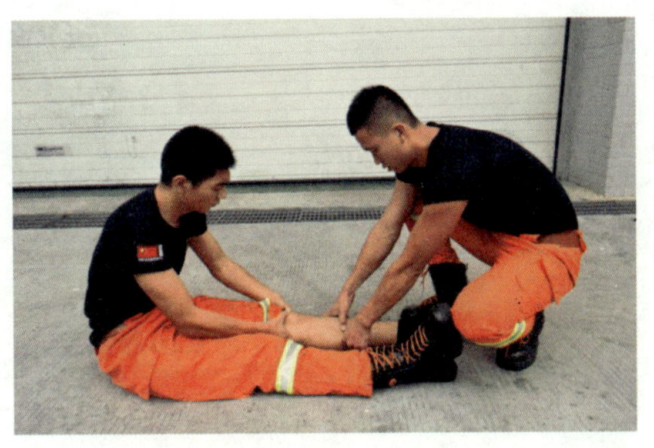

图 7－1－1

新入队的消防员在最初几个月的训练中很容易出现胫骨和腓骨剧痛现象，这主要是由于他们以往很少训练，而刚进入消防救援队伍，通常会在一个相对较短的时期内进行大量的训练，其间几乎没有休整，再加上训练场地坚硬和运动鞋不合脚等因素，最终导致出现这种伤病。此外，无论是新队员还是老队员，如果训练安排不当，运动量和强度过大，又或者场地坚硬、运动鞋不合脚等，都很容易造成这种伤病。除了以上几个方面，对于个别队员，遗传因素也可能成为这种伤病的诱因。比如有的人天生脚弓过高或过低，有的人两腿长短不同，有的人踝关节的柔韧性较差，这些都会使小腿前部的肌肉更容易紧张，导致患病。

出现胫骨和腓骨剧痛时，首先要查明原因，才能对症治疗。比如消防员训练后出现痛感时，要向其了解最近的训练内容，将之和以往的训练内容进行比较，看是否有所改变，若是，建议尝试使用原来的训练计划，并更换舒适、适合自己脚型且弹性较好的鞋。大多数接受训练时间在 3 个月以内的新消防员不需要特别治疗，症状会在患病后的 1 个月内自然消失，而且随着自身力量和能力的提升，也会逐渐适应训练。对于受过伤的消防员来说，训练初期要避免过多的弹跳练习和急停练习。

为防止出现胫骨和腓骨剧痛，可通过力量练习增强这些部位肌肉群的力量，再辅以每日 2～3 次、每次约 30 分钟的按摩。如果采取以上措施后仍然出现在训练时出现剧烈疼痛的现象，即进入了胫骨和腓骨剧痛症的第二和第三阶段，那么应尽量选择较软而且弹性好的运动鞋，同时调整训练计划，配合医学手段来进行治疗。

第二节 隔日肌肉酸痛症

隔日肌肉酸痛现象在训练中较为常见。消防员在进行一次强度很大的训练或者进行一次平时很少练习的训练后，肌肉通常会在训练后 24 ～48 小时出现疲劳酸痛感，这种现象表明肌肉受到了强烈的刺激。这是由肌肉的生理特征决定的，肌肉受到强烈刺激后，会在其后的 24 ～48 小时处于反应高峰期。如果消防员在训练 48 小时后还出现持续性的肌肉酸痛现象，那么表明运动强度和运动量过大，必须调整训练计划。

如果肌肉组织的反应在训练后的 24 ～48 小时达到高潮而出现局部炎症的现象，那么说明患上了典型的隔日肌肉酸痛症。避免出现这种症状有以下几种方法：

1. 减少跑步的距离。

2. 增强下肢肌肉力量，特别是股四头肌的力量，而且这类练习必须包含增强肌肉侧面力量的练习。

3. 当肌肉出现酸痛症状时，服用一些消炎药会有一定的效果，但也必须休息，避免做一切可能导致受伤的训练，才能取得理想的治疗效果。

4. 加强训练后的拉伸放松，减轻训练带来的肌肉紧绷和僵硬，缓解肌肉酸痛，加快身体恢复的速度。

第三节　慢性肌肉拉伤

慢性肌肉拉伤也是一种常见的运动伤病。这种伤病通常难以准确诊治，并且对运动能力的影响很大，目前只有通过特殊的治疗手段才能取得一定疗效。慢性肌肉拉伤通常有以下几个特征：

1. 局部肌肉在训练后有持续性痛感。

2. 在训练中出现疼痛现象，但可以暂时忍受，随着训练的进行，疼痛感逐渐加剧，直到无法完成训练。特别是在进行速度训练时，疼痛感更加明显。

3. 通常情况下，出现疼痛感的肌肉群主要位于承担运动负荷的部位，比如臀部、腹股沟、股二头肌和腓肠肌等。

4. 出现疼痛感时患者无法忍受，但休息以后疼痛感又很快消失。

5. 腓肠肌出现疼痛感时，做提踵动作较困难。

6. 和骨骼受伤相比，两者恢复需要的时间不同。骨骼受伤，经过一段时间的安心休息和治疗，会很快恢复；慢性肌肉拉伤，必须经过很长时间的特殊治疗才能好转，而且彻底治愈的难度很大，常有患者经过长时间休息后依然没有明显好转。

7. 在判断患者是否有慢性肌肉拉伤时，最好是请有经验的运动创伤专家来诊断。手指用力按压到肌肉深层时，如果能触摸到一块或一条非常坚硬的肌肉“死结”，并且患者感到剧痛难忍，那么基本可以确定这块肌肉存在慢性肌肉拉伤。

慢性肌肉拉伤的发病原理：运动负荷刺激到某些肌肉并导致这些肌肉的某一部位出现细微拉伤。一开始被拉伤的部位很少，且不足以被察觉，消防员往往还会继续训练下去。那些被拉伤的细微肌纤维组织在经过休息后虽然得到一定程度的恢复，但在后来的训练中又反复被拉伤，导致受伤的面积逐渐增大，受伤的肌纤维逐渐、反复地被新的肌纤维包围，最终在肌肉深处发展成一个大块的死肌肉结。

因为受伤的肌肉组织其肌纤维弹性会降低，无法再继续承受高强度的训练，因此，在治疗的同时还必须加强针对受伤肌肉和身体薄弱部位的力量练习，以防止出现更多伤病。

对于慢性肌肉拉伤，常规的服药和注射肾上腺皮质激素等治疗手段的效果不明显，只有采取物理疗法和按摩才能见效。深层按摩对推松死肌肉结的效果尤为明显。若能在按摩后马上进行超声波治疗，则效果更好。对于大多数刚受伤的部位来说，经过 5 ～ 10 次、每次 10 分钟左右的按摩和物理治疗，就能取得明显效果，但对于那些有半年以上时间的旧伤，则需要更长的治疗时间。

需要注意的是，为了防止再次受伤，消防员必须在训练前仔细做好肌肉的柔韧和伸展练习。如图 7 – 3 – 1 所示。

图 7 – 3 – 1

第四节　肌肉痉挛

肌肉痉挛表现为人的某块肌肉出现阵发性、不自主的强烈收缩现象。这是某种肌肉特性降低的重要前兆。肌肉痉挛的表现形式因人而异，有些人可能从来没有经历过，有些人一旦跑的距离过长或跑速过快就会出现这种现象。新的研究理论认为，肌肉痉挛是由于运动过猛、运动时间过长促使肌肉中牵张感受器的敏感反射变化所致。人在长时间运动时，肌肉牵张反射能力会下降，而由于牵张反射是肌肉对外力刺激的一种保护性反射，因此，当这种反射能力下降到某种程度时，就会出现肌肉痉挛现象。

避免出现这种现象的一个可行办法是在平时的训练中有意识地逐渐增加跑步的距离，另外，还可在平时的训练中做好热身运动，以及在训练过程中加强糖原和饮料的补给。肌肉的柔韧练习对于防止肌肉痉挛很有帮助，它不仅对受过伤的肌肉有效，对那些容易产生痉挛的肌肉也一样有效。因为柔韧练习会拉长肌纤维，有助于提高深层肌肉神经系统的传导活性，因此，建议在每次训练前对相关部分的肌肉进行至少 10 分钟的柔韧练习。如图 7－4－1 所示。

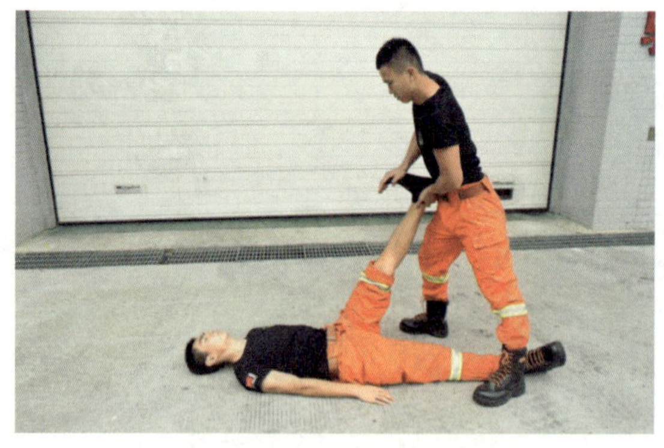

图 7－4－1

第五节　跟腱劳损

跟腱劳损是体能训练中最常见然而又是危害性最大的伤病之一。有时候，消防员在清晨醒来后下床时，脚一着地就马上感觉到跟腱处有一种疼痛感，同时感到跟腱很硬，走路时只能跛行，但走一会后跟腱处的疼痛感就逐渐消失了。如果有这样的症状，那么说明已处在跟腱劳损的第一阶段。如果在此阶段不予以任何治疗而继续训练，那么消防员就会在训练后感到疼痛，特别是在长距离跑和强度大的练习后，疼痛更加明显，这时就处在跟腱劳损的第二阶段。如果再不予以治疗，那么症状会逐渐恶化，最终导致跟腱劳损进入第三和第四阶段。

导致出现跟腱劳损的最主要原因是训练中极度的提踵练习使跟腱的肌腱群弹性受损。跟腱劳损多发生在距离脚后跟骨 2 ～ 6 厘米处的跟腱部，这个部位的血液循环相对不畅通，所以恢复较为缓慢。在组织受损的情况下继续训练，容易导致跟腱的肌腱群弹性进一步受损，使血液供应更加不畅，最终导致某处肌腱坏死，使症状加重。过多的跳跃练习会带来过多的缓冲震动，如果消防员年龄过大或跟腱有伤，那么继续这种练习的话，不仅会导致跟腱处的炎症加重，而且会导致肌腱基质变脆，细胞进一步坏死，而一旦跟腱组织出现基质性变化，后果就是肌腱的结缔组织难以恢复正常的组织结构。

跟腱劳损多发生在突然增加训练量以后，尤其是在休整期后突然进行大运动量训练时。训练后小腿肌肉发硬而且不注意做放松和拉伸练习也是诱因之一。除以上因素外，消防员所穿的鞋也有影响。下面几种鞋是导致出现跟腱劳损的间接原因：

1. 低跟或无跟的钉鞋。

2. 破旧的跑鞋。

3. 穿起来不合脚的跑鞋或鞋跟低于 12 毫米的跑鞋。

4. 鞋底特别硬的跑鞋。

这些类型的鞋不利于消防员蹬地，也容易使跟腱的负荷过重。

从消防员的个体遗传角度分析，跟腱长度过短、扁平足或足弓过高的队员也容易患上跟腱劳损。个体差异使消防员承担负荷和重复运动的能力有差别。年龄和负荷强度也和发病程度成正比，年龄越大，跟腱组织功能的下降程度越明显，老队员在训练时必须充分考虑到这个因素。

训练中出现跟腱特别疼痛的现象时应停止训练，并坚持每天 3 次、每次 30 分钟以内的冰敷，即用冰袋缠住痛处，10 分钟后拿开，间隔 5 ～ 8 分钟再敷一次，循环 2 ～ 3 次。冰敷最好安排在训练前和训练后进行。如图 7 – 5 – 1所示。

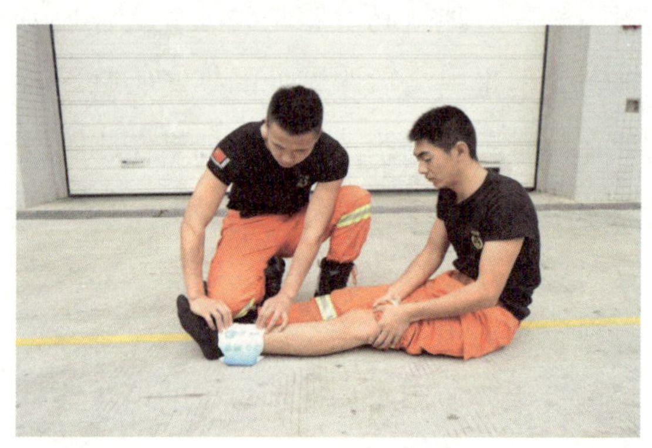

图 7 – 5 – 1

另外，可每天进行 10 ～ 20 分钟的小腿肌腱拉长练习，如勾脚尖的“背屈”练习，这对于防止受伤有益。增强小腿力量可采用跑山坡的方法。

切记：当疼痛发作时，应少用消炎药和封闭注射，因为消炎药有很多副作用，而封闭注射容易掩盖伤情，使人麻痹大意，不可取。此外，跟腱劳损后采取封闭注射，会导致跟腱变得更加脆弱，有完全断裂的危险。我们提倡的是让消防员了解这种伤病发生的机理，做好预防工作。

第六节　擦伤

擦伤是皮肤受摩擦所致，是皮肤的表面受伤。例如，消防员在营救过程中摔倒擦伤、被树枝擦伤、被器械擦伤等。擦伤是外伤中最轻、最常见的一种，约占训练创伤情形的16%。擦伤后，最好能用生理盐水冲洗消毒，然后敷以凡士林纱布，并加压包扎。如无感染，2 周后即可痊愈。

较小范围的擦伤，可以用 2% 的红汞或 1%～2% 的龙胆紫液涂抹，不需包扎，暴露于空气中即可痊愈。但面部擦伤最好不要用龙胆紫液涂抹，因为皮肤可能在数月内染色不退，有碍美观。

关节附近的擦伤，最好不要采用干燥法来治疗，否则会影响运动。关节处的擦伤一旦感染，很易波及关节，最好用 5%～10% 的磺胺软膏或青霉素软膏涂敷。

擦伤中最严重的一种情形是刺花，即摔倒时石、煤、砂屑等镶进皮肤中。刺花如发生在脸部，会很不美观，而且一旦处理不及时，后期很难通过手术切除补皮。因此，一旦遇到刺花的情况，急救处理时必须用硬毛刷子仔细地将伤口处的碎屑刷出，然后用凡士林纱布敷盖包扎。

第七节　撕裂伤、刺伤与切伤

发生撕裂伤、刺伤与切伤，皮肤（包括皮下组织）都会有不同程度的规则或不规则的裂口。这三种伤虽然特征各异，但病理却大致相同。早期的处理手段主要是清理创缝及预防破伤风。

新伤口（形成时间在 6 ～ 12 小时的）应先用生理盐水与肥皂水清洗，然后剪除伤口边缘的糜烂部分或坏死组织，再止血、缝合；如疑有感染，可暂用凡士林纱布充填，3 日后检查，确定无感染时再行二期缝合。伤口内如有异物，应尽量除去。切伤常合并有神经和肌腱损伤，应一并处理。为了能够继续进行消防营救，发生在面部的撕裂伤可用生理盐水冲洗，用肾上腺素液棉球压迫止血，再用粘胶封合，或用创可贴粘敷固定。

第八节 挫伤

软组织因外力作用而受到损害时会形成挫伤，但从解剖角度来看，并未完全断裂。在消防营救过程发生的器械撞击，以及人与人之间的互撞等，都易导致出现挫伤。最常见的挫伤部位是大腿与小腿前部。此外，头、脑、腹部及睾丸的挫伤也不少见。

挫伤的症状一般有疼痛（初轻后重，一般持续约 4 小时）、肿胀及出血等。疼痛程度因人而异，与血液渗出的多少、局部神经损害的情况及受伤部位有密切关系。挫伤导致的出血程度不等，深浅不同，有皮肤本身的出血（瘀点）、皮内及皮下出血（病斑）和皮下组织中的局限性积血（血肿）等。大多数情况下，挫伤导致的出血会被人体吸收而逐渐消散。

并发症：少数病例挫伤部位会继发感染化脓。肌肉挫伤有时会继发钙质沉着化骨。X 线拍片时，肌肉组织中出现骨样阴影的，临床上称为化骨性肌炎。严重的挫伤有时会妨碍血液循环，引起筋膜间隔综合征，继发局部肌肉缺血性挛缩。其早期症状是肢体末端青紫肿胀、麻木、发凉，出现运动障碍，3 周后症状消失，但手、腕或足、踝会逐渐挛缩于屈曲位。

伴有严重休克的挫伤，例如睾丸、腹部挫伤，其急救处理步骤是：首先采用适当的方法矫正休克，然后将伤员安放在适当的位置休息。睾丸挫伤时，应以三角带吊起下肢，卧床，局部冰敷；手或臂挫伤时，可利用悬带辅助固定；下肢挫伤时，需静卧床上，务必抬高患肢，并冷敷及压迫包扎，减少出血及肿胀。

股四头肌及腓肠肌部严重的挫伤多伴有严重的出血，应密切观察。如果肿胀不断发展或肿胀严重影响血液循环，应立即做超声波检查，进行血肿定位、定量，手术切开，取出血块，找出出血的血管，予以结扎。疼痛较严重的挫伤可给予吗啡或阿司匹林等药物止痛。

第九节　外出血

血液从皮肤创口流向体外的情况称为外出血。

外出血的急救方法有止血带法、压迫法及充填法。

止血带法常用的止血带有三种：皮管止血带、皮带止血带及气压止血带。急救时如无以上三种止血带，也可用布带捆紧止血。止血带应绑缚在出血部动脉的近端，压力不应小于6.7千帕（200毫米汞柱）的动脉压力，如果压力太小，会导致只闭锁静脉，而动脉血还可以继续通过，那么不仅不能止住出血，反而会使出血增多。

绑缚止血带时，应先将患肢抬高，然后再上止血带。绑缚后肢端应呈蜡白色，如果呈紫红色则为绑缚不当。绑缚上的止血带，上肢应每半小时放松一次，下肢应每小时放松一次，以免肢体坏死。上肢应尽量避免用皮管止血带，不得已使用时，应多垫棉花或衣服，否则容易引起上肢的麻痹（止血带麻痹）。出于上述几种缺点，一般除大出血的情况之外，最好不用止血带止血。

压迫法是在出血点上直接加压止血，它是止血方法中最重要、最有效且极简单的方法。除大动脉破裂的情况外，在出血点加压即可使血管闭塞，形成防御性血栓或血块。压迫时用手指或用包扎物皆可。遇到较大血管大出血时，必须于急救时采用“指压法”，压迫创口附近的动脉或远离创口的动脉止血。加压必须持续至可以结扎血管或用止血钳夹住血管时为止。

第十节　休克

休克是人体遭受体内外各种强烈刺激后所发生的严重的全身性综合征，临床上以出现急性周围循环衰竭为特征。有效循环血量锐减是综合征中的主要矛盾。由于有效循环血量绝对或相对明显减少会使组织器官缺氧，发生一系列的代谢紊乱，造成恶性循环，如不及时纠正，就会导致死亡。无论何种休克，发展到一定程度时，其临床表现、病理生理过程和预后是一致的。在训练实践中，凡有发生休克可能者，应积极预防，发生休克后应积极抢救。

休克的症状：初期兴奋不安，脉搏稍快，体温和血压可正常或稍高，这个阶段易被忽视；随后精神萎靡，表情淡漠，面色苍白，口渴，四肢发冷，气促，出冷汗，脉速无力，血压下降，体温不升；严重者出现发绀、酸中毒、昏迷。

与运动创伤有关的几种休克：

1. 出血性休克。

急剧大量出血是造成休克的常见原因。正常、健康的成人，每千克体重平均有血 75 毫升。因此，一个健康人的总血量为 4000 ～ 5000 毫升。急性失血量不超过总血量的 1/4（即 1000 毫升）时，通过机体神经、体液的调节和代偿作用，血压可以维持大致正常，如能及时止血、补液、输血，血压可以恢复正常。如果出血量达总血量的 1/3（即 1500 毫升），血压就会下降。

2. 创伤性休克。

骨和软组织损伤通常伴有一定量的失血。多发性骨折、骨盆骨折、股骨干骨折和骨折合并内脏损伤（肝、脾、肾破裂或肠系膜血管损伤）等出血量很大，病人多合并休克。

强烈的神经刺激（如严重创伤）可引起反射性的中枢抑制，使血管扩张，血液分布的范围增大，血容量相对不足。如脊髓损伤可以阻断血管运动中枢与周围血管间的联系，使血管扩张，引起休克。

呼吸梗阻、循环机能障碍、组织坏死、疲劳、饥饿、寒冷、酷热、剧痛或长时间使用止血带后突然松解，这些因素都可能加重休克。

创伤性休克的急救：

1. 安静休息。

现场急救时，应迅速使病人平卧、安静休息，并给予亲切的安慰与鼓励，消除病人的顾虑。最好不要采用头低脚高的所谓“休克位”。因为头低脚高会使颅内压力增高、静脉回流受阻，也会使横隔上升，造成呼吸困难和缺氧，不利于恢复，甚至会使休克加重。

2. 饮水。

神志清醒又无消化道损伤者，酌情给以适当的盐水（每升含盐 3 克，碳酸氢钠 1.5 克）或其他饮料（如姜汤、热茶），以减轻口渴。

3. 保暖和防暑。

有条件时应换掉潮湿的服装，以防因潮湿散热过快。最好在温暖的室内安静休息，但室温不宜过高，冬、夏都要保持在 25℃ 左右。炎热的环境下应注意防暑降温，防止中暑。

4. 维持呼吸机能，保持呼吸道通畅。

对有呼吸功能障碍的伤员，要首先弄清其原因和性质，及时解除。对昏迷的颅脑损伤者、颈椎骨折脱臼合并脊髓损伤者，都要清除呼吸道内的血块及分泌物，必要时放置通气导管。

第八章

消防员日常营养指南

第一节 概述

食物在身体中扮演多种角色。它是动力、能量和营养；它能影响身体的重量，改变身体的健康状态与重要指标（比如胆固醇和血压）。身体需要摄取各种物质来维持功能，如蛋白质、脂肪和各种糖类。学习掌握有关营养平衡的知识，能更好地保障既定训练计划的实施，同时也可以指导健康饮食与生活。

本章主要讲述健康饮食的基础知识以及身体所需的营养平衡。白砂糖、零食、软饮料和人工甜味剂并不是身体所必需的，实际上这些食物可能是有害的，少吃这些食物有益健康。本章介绍了 10 份减肥食谱和 1 份一周增肌健身食谱，帮助消防员的健身训练取得更好的效果。

身体会“燃烧”摄入的所有食物，不管是糖类、脂肪还是蛋白质。高强度的训练不能和节食计划同时进行，即使目标是减重，也应该摄入恰当食量的食物。平衡的餐饮食谱可以让身体更好地承受相应的训练。

本章建议的食品拥有较低的升糖指数，不会对血糖造成剧烈的影响。高升糖指数的食物，比如白面包和糖果，会造成血糖含量快速升高随后又快速下降，导致身体能量的损失，而低升糖指数的食物可以在一天中为人体提供稳定的能量，优化训练中身体的能量供应。

注：升糖指数（Glycemic Index，简称 GI），又称糖生成指数，用于衡量糖类对血糖量的影响。在消化过程中迅速分解并且将葡萄糖迅速释放到循环系统的糖类具有高升糖指数。反之，在消化过程中缓慢分解并且将葡萄糖逐渐释放到循环系统的糖类具有低升糖指数。低升糖指数食品有益于大多数人的健康。

第二节　如何使用食谱

本章介绍了 10 份减肥食谱和 1 份增肌健身食谱。每份食谱包含的食物内容都不一样。请尝试不同的食谱，以保证营养的多样性。每次正餐摄取的食物能够提供 500～600 大卡的热量，每日三餐（正餐）一共提供 1500～1800 大卡的总热量。

本章第四节中的部分表格列出了一些常见食物的热量水平，当运动量增加时，可以从中选择适当的食物配成套餐进食，以使身体能摄取到足够的能量。如果想减肥，每天可根据需求从 10 份减肥食谱中选出 1 份作为当天的食谱。如果想增肌，可使用增肌健身食谱，以一周为一个食谱周期，每天吃六餐。食谱可反复使用。

第三节　如何确定日常热量需求

本节介绍如何通过三个步骤来确定身体的日常热量需求。

第一步：使用基础代谢率（Basal Metabolic Rate，简称为 BMR）计算公式来确定热量需求。基础代谢率是指在自然温度环境下，人体在非活动的状态下维持生命体征所需消耗的最低热量。基础代谢率会随着年龄的增加或体重的减轻而降低，随着体重的增长而增加。疾病、进食、环境温度变化、承受压力水平变化等都会改变人体的热量消耗水平，从而影响基础代谢率。

这个公式可计算出身体基准热量需求量，也就是在无锻炼的情况下保持现有体重的热量需求量。

$$\text{BMR} = 655 + 4.35 \times \text{体重} + 4.7 \times \text{身高} - 4.7 \times \text{年龄}$$

· 体重单位为磅（1 磅 =0.453592 千克）

· 身高单位为英寸（1 英寸 =2.54 厘米）

· 年龄单位为岁（年）

第二步：将从第一步中得到的结果乘以训练指数。不同的训练指数对应不同的运动量，见表 8－3－1。

表 8－3－1

训练指数	描述	解释
1.2	Sedentary	很少或没有运动
1.375	Lightly Active	轻量运动（每周 1 到 3 天）
1.55	Moderately Active	中量运动（每周 3 至 5 天）
1.7	Very Active	大量运动（每周 6 至 7 天）
1.9	Extremely Active	大强度运动（每日大量训练或体力性工作）

第三步：第二步得到的计算结果就是保持体重所需的热量。此步中，可根据增

重和减重目标进行调整：

1. 如果目标是减重，那么从第二步的结果中减去500大卡。

2. 如果目标是恒重，那么使用第二步的计算结果。

3. 如果目标是增重，那么在第二步的计算结果上加上250～300大卡。

例子 计算一个40岁女性的每日热量需求量：身高是65英寸，体重150磅，每周有6天进行高强度健身训练，目标是减重。

第一步：使用年龄、体重和身高计算基准热量需求量。

655＋（4.35×150）＋（4.7×65）－（4.7×40）＝1425（大卡）

第二步：1425大卡/天是基准热量需求量，也就是无运动、恒重条件下每天的热量需求量。根据她的训练情况，训练指数应选择1.7。用1.7乘以基准热量需求量，即得到她在坚持训练状态下每天的热量需求量约为2400大卡。

第三步：她的目标是减重，应减少每天的卡路里摄入。故应用2400大卡减去500大卡，结果为1900大卡。

BMR公式是计算身体所需热量的简单的、科学的方法，但在应用时也要注意，不能教条地照搬数据，而是要根据自己身体的反应情况来调整热量摄入量。

第四节　健身食谱

一、适合BMI指数不达标者的10份减肥食谱

见表8－4－1。

表8－4－1

类别	餐次	食物
减肥食谱一	早餐	豆浆1碗，全麦面包2片，鸡蛋1个
	中餐	腐乳空心菜，皮蛋拌豆腐，醋烹绿豆芽，米饭半碗
	晚餐	素炒西葫芦，虾米烧冬瓜，腐竹拌黄瓜，红豆粥一小碗
减肥食谱二	早餐	红豆大米粥1碗，爽口小菜1碟（黄瓜、胡萝卜、芹菜加上煮五香花生米），桂圆或大枣1把
	中餐	西红柿炒鸡蛋，木耳拌芹菜，清炒油麦菜，米饭半碗
	晚餐	菠菜猪血豆腐汤，炒土豆丝，凉拌白菜心
减肥食谱三	早餐	酱豆腐，蒸蛋羹，半个馒头
	中餐	凉拌西兰花，清蒸鱼，青椒冬笋丁，米饭半碗
	晚餐	凉拌青笋，麻婆豆腐，酸辣藕片，小米粥1碗
减肥食谱四	早餐	南瓜枸杞大米粥，煎鸡蛋，什锦泡菜
	中餐	红烧牛肉，凉拌菠菜，素炒芥蓝，半个馒头
	晚餐	冬瓜排骨汤，胡萝卜青椒土豆丝，凉拌茄泥
减肥食谱五	早餐	蒸糯玉米1个，荷包蛋1个，牛奶1杯
	中餐	西红柿牛肉面（面只吃一半），凉拌海带胡萝卜丝
	晚餐	豆苗鱼丸汤，素炒丝瓜，烤甘薯1块

（续表）

类别	餐次	食物
减肥食谱六	早餐	牛奶 1 杯，鸡蛋煎饼（不要中间的薄脆）1 块
	中餐	豆皮炒青椒，黄瓜拌鸡丝，香菇炒油菜
	晚餐	蒜泥拌酱牛肉，辣椒炒苦瓜，青菜肉丝粉丝汤
减肥食谱七	早餐	红枣玉米糊糊 1 碗，素包子 1 个
	中餐	素焖扁豆，番茄菜花，虾仁蒸蛋羹，半碗米饭
	晚餐	麻辣烫（包括豆腐、蘑菇、青菜、海带、鸡肉丸等）1 大碗
减肥食谱八	早餐	牛奶燕麦粥 1 碗，肉松 1 勺，桂圆 5 个
	中餐	熏鱼 1 块，凉拌豆芽胡萝卜海带丝 1 盘，红豆沙小汤圆 1 碗，大枣 5 个
	晚餐	咸蛋 1 个，凤爪 1 盘，凉拌绿菜花，紫米粥 1 碗
减肥食谱九	早餐	黑芝麻红豆粥 1 碗，茶蛋 1 个，凉拌萝卜丝小菜
	中餐	清炖胡萝卜白萝卜羊肉 1 碗，香菜拌豆腐丝 1 小盘，馒头半个
	晚餐	红枣枸杞乌鸡汤面一大碗（内含几块鸡肉，50 克挂面，青菜 1 把，蘑菇数朵）
减肥食谱十	早餐	绿豆粥 1 碗，豆腐脑 1 碗，鸡蛋 1 个
	中餐	大丰收（多种生蔬菜蘸酱）1 盘，糯米藕半盘，炒土豆丝半盘，萝卜炖牛腩 1 碗
	晚餐	白灼基围虾半盘，三鲜日本豆腐半盘，清炒芥蓝 1 盘，袖珍小馒头或玉米小饼 1 个

注意事项：

1. 睡前 3 小时严禁进食。晚上摄入的糖分会全部转化为脂肪，滞留在身体里面，所以晚餐应该尽量早吃。

2. 晚餐不吃碳水化合物。碳水化合物虽然是人体所需的三大营养之一，但食用过多会导致肥胖，晚上就免了吧，可在早餐中加入碳水化合物，为大脑补充能量。每餐中的碳水化合物的参考量：切片面包 1 片，大约 28 克；米饭 1 碗，大约 55 克。保持现有食量，不能暴饮暴食。每口食物都要咀嚼至少 30 次，以刺激大脑发出“吃饱了”的信号。

3. 每顿饭不能只吃单一食物。拉面、盖饭这种单一食物长期单食会导致营养不均衡，对减肥不利，需要改正。减肥过程中需要多吃蔬菜，以保持营养均衡。

4. 日常生活中能动就动。想要快速减肥，运动是必不可少的，随时随地能动就动，消耗热量才是王道。

二、在减肥计划中绝对不能吃的食物

见表 8－4－2。

表 8－4－2

食物	100 克食物所含热量
巧克力	586 大卡
花生仁（生）	563 大卡
红糖	389 大卡
和路雪可爱多	334 大卡
燕麦片	359 大卡
面条	284 大卡
馒头	221 大卡
家常土豆丝	201 大卡
银耳	200 大卡
蜂蜜	321 大卡
全麦面包	296 大卡
法棍	296 大卡
油条	386 大卡
蚕豆	104 大卡
葡萄干	341 大卡
熟板栗	212 大卡
豆腐干	260 大卡
豆油棍、油豆腐皮、腐竹	400～459 大卡

三、酌情少吃的食物

见表 8－4－3。

表 8－4－3

食物	100 克食物所含热量
炝青椒肉丝	182 大卡
普通酸奶	98 大卡
蒙牛牛奶	67 大卡
三元牌脱脂酸奶	58 大卡
田园脱脂牛奶	44 大卡
牛肉高汤米粉、炒米粉	178 大卡
山药	56 大卡
大蒜	126 大卡
生姜	41 大卡
香蕉	91 大卡
江米酒	91 大卡
枸杞	258 大卡
红枣	367 大卡

四、中午可多吃的食物

见表 8－4－4。

表 8－4－4

食物	100 克食物所含热量
猪肉	143 大卡
白萝卜	21 大卡
胡萝卜	25 大卡

（续表）

食物	100 克食物所含热量
西兰花	33 大卡
绿豆汤	33 大卡
绿芙蓉龟苓膏	56 大卡
金针菇	26 大卡
白蘑菇	27 大卡
杏鲍菇	31 大卡
四季豆	28 大卡
油菜心	11 大卡
西芹	12 大卡
海带	14 大卡
酸白菜	14 大卡
黄瓜	15 大卡
大白菜	17 大卡
小白菜	15 大卡
南瓜	22 大卡
木耳	22 大卡
茯苓	16 大卡

五、中午应少吃的食物

见表 8－4－5。

表 8－4－5

食物	100 克食物所含热量
米饭	116 大卡
卤米粉	123 大卡
烤红薯	116 大卡
玉米	106 大卡

六、可适当吃的食物

见表 8 –4 –6。

表 8 –4 –6

食物	100 克食物所含热量
火龙果	51 大卡
猕猴桃	41 大卡
柚子	47 大卡
橙子	48 大卡
桃子	43 大卡
橘子	25 大卡
西瓜	25 大卡
木瓜	27 大卡

七、早上必须吃的食物

见表 8 –4 –7。

表 8 –4 –7

食物	100 克食物所含热量
鸡蛋	151 大卡

八、一周增肌健身食谱

见表 8 –4 –8。

表 8－4－8

日期	餐次	搭配方案 （红色为必食项）	食物
周一	早餐 7：00	善存片 1 片，全蛋 1 个，蛋清 2 份，脱脂牛奶 1 盒 主食 150 克 肉类 100 克 蔬菜 150 克 水果 1 份 坚果 1 份	主食：面条 肉类：瘦牛肉 蔬菜：西红柿、菜心 水果：苹果 坚果：核桃
	早加餐 10：00	酸奶 副食 300 克 水果 1 份	副食：红薯、面包 水果：香蕉
	午餐 12：00	主食 250 克 肉类 250 克 蔬菜 500 克 水果 1 份 坚果 1 份	主食：米饭 肉类：鸡胸肉、鱼肉 蔬菜：菜心、胡萝卜 水果：苹果 坚果：核桃
	午加餐 15：00	蛋清 2 份 副食 300 克 水果 1 份	副食：红薯、面包 水果：香蕉
	晚餐 18：00	鱼汤 1 碗 主食 200 克 肉类 250 克 蔬菜 500 克 水果 1 份 坚果 1 份	主食：米饭 肉类：瘦牛肉、鱼肉 蔬菜：菜心、胡萝卜 水果：苹果 坚果：核桃
	晚加餐 21：00	脱脂牛奶 1 盒 副食 300 克 水果 1 份	副食：面包 水果：香蕉

（续表）

日期	餐次	搭配方案 （红色为必食项）	食物
周二	早餐	同周一搭配方案	主食：馒头、土豆 肉类：鸡胸肉 蔬菜：菠菜、胡萝卜 水果：香蕉 坚果：核桃
	早加餐	同周一搭配方案	副食：土豆、馒头 水果：苹果
	午餐	同周一搭配方案	主食：米饭 肉类：瘦牛肉、鱼肉 蔬菜：菠菜、胡萝卜 水果：香蕉 坚果：核桃
	午加餐	同周一搭配方案	副食：土豆、馒头 水果：苹果
	晚餐	同周一搭配方案	主食：米饭 肉类：鸡胸肉、鱼肉 蔬菜：菠菜、胡萝卜 水果：香蕉 坚果：核桃
	晚加餐	同周一搭配方案	副食：馒头 水果：苹果

（续表）

日期	餐次	搭配方案 （红色为必食项）	食物
周三	早餐	同周一搭配方案	主食：面包、玉米 肉类：鱼肉 蔬菜：生菜、青瓜 水果：苹果 坚果：核桃
	早加餐	同周一搭配方案	副食：红薯、面包 水果：香蕉
	午餐	同周一搭配方案	主食：米饭 肉类：鸡胸肉、鱼肉 蔬菜：生菜、青瓜 水果：苹果 坚果：核桃
	午加餐	同周一搭配方案	副食：红薯、面包 水果：香蕉
	晚餐	同周一搭配方案	主食：米饭 肉类：瘦牛肉、鱼肉 蔬菜：生菜、青瓜 水果：苹果 坚果：核桃
	晚加餐	同周一搭配方案	副食：面包 水果：香蕉

（续表）

日期	餐次	搭配方案 （红色为必食项）	食物
周四	早餐	同周一搭配方案	主食：面条 肉类：瘦牛肉 蔬菜：西红柿、菜心 水果：香蕉 坚果：核桃
	早加餐	同周一搭配方案	副食：玉米、馒头 水果：苹果
	午餐	同周一搭配方案	主食：米饭 肉类：瘦牛肉、鱼肉 蔬菜：菜心、西红柿 水果：香蕉 坚果：核桃
	午加餐	同周一搭配方案	副食：玉米、馒头 水果：苹果
	晚餐	同周一搭配方案	主食：米饭 肉类：鸡胸肉、鱼肉 蔬菜：菜心、西红柿 水果：香蕉 坚果：核桃
	晚加餐	同周一搭配方案	副食：馒头 水果：苹果

（续表）

日期	餐次	搭配方案 （红色为必食项）	食物
周五	早餐	同周一搭配方案	主食：土豆、面包 肉类：鸡胸肉 蔬菜：菠菜、青瓜 水果：苹果 坚果：核桃
	早加餐	同周一搭配方案	副食：红薯、面包 水果：香蕉
	午餐	同周一搭配方案	主食：米饭 肉类：鸡胸肉、鱼肉 蔬菜：青瓜、菠菜 水果：苹果 坚果：核桃
	午加餐	同周一搭配方案	副食：红薯、面包 水果：香蕉
	晚餐	同周一搭配方案	主食：米饭 肉类：瘦牛肉、鱼肉 蔬菜：青瓜、菠菜 水果：苹果 坚果：核桃
	晚加餐	同周一搭配方案	副食：面包 水果：香蕉

（续表）

日期	餐次	搭配方案（红色为必食项）	食物
周六	早餐	同周一搭配方案	主食：土豆、馒头 肉类：鱼肉 蔬菜：西红柿、菜心 水果：香蕉 坚果：核桃
	早加餐	同周一搭配方案	副食：土豆、馒头 水果：苹果
	午餐	同周一搭配方案	主食：米饭 肉类：瘦牛肉、鱼肉 蔬菜：菜心、白萝卜 水果：苹果 坚果：核桃
	午加餐	同周一搭配方案	副食：土豆、馒头 水果：苹果
	晚餐	同周一搭配方案	主食：米饭 肉类：鸡胸肉、鱼肉 蔬菜：菜心、白萝卜 水果：香蕉 坚果：核桃
	晚加餐	同周一搭配方案	副食：馒头 水果：苹果

（续表）

日期	餐次	搭配方案 （红色为必食项）	食物
周日	早餐	同周一搭配方案	主食：玉米、面包 肉类：瘦牛肉 蔬菜：茄子、生菜 水果：猕猴桃 坚果：核桃
	早加餐	同周一搭配方案	副食：玉米、面包 水果：香蕉
	午餐	同周一搭配方案	主食：米饭 肉类：鸡胸肉、鱼肉 蔬菜：生菜、茄子 水果：苹果 坚果：核桃
	午加餐	同周一搭配方案	副食：玉米、面包 水果：香蕉
	晚餐	同周一搭配方案	主食：米饭 肉类：瘦牛肉、鱼肉 蔬菜：生菜、茄子 水果：苹果 坚果：核桃
	晚加餐	同周一搭配方案	副食：面包 水果：猕猴桃